家のしごと

家のしごと　目次

4

夫婦

5

家のしごと

6

風景をつくる

1

ひとつ屋根のした

家族のかたち

「家族」「家庭」ということばを使うとき、いつも、くっと緊張する。「家族とは、家庭とは」と、考えるともなく考えてしまうからだ。

世のなかには、じつに多様な家族構成、家族関係がある。わたし自身も離婚を経験し、母子家庭を経てあたらしい家庭を持って現在に至っている。かつてはそれを、特殊な人生だと思った。みずからそれを背負うつもりで、歩きはじめた。

背負うかたちで視線も低く歩いていたものだから、気がつかなかったのだが、ふと目を上げ、あたりを眺めわたすと……。

絵に描いたような家族関係ばかりでないことが、すぐとわかった。また、家族は変化してゆくものであるということも。規模も、ふくらんだり縮《ちぢ》んだりする。

それから、かたちが整った家族にも、家族であることにもがいたり、傷つけ合ったりすることが少なくない。そんなことも知った。

世のなかには、いろいろなかたちの家族があること、あっていいこと、どこからだってはじめられ、やり直せる。そんなふうに、ちょっと小声で叫びたい気持ちだ。

なぜ、とつぜんこんな気持ちになったのか。きのう、電車のなかで会った親子を思いだしたからか。

隣り合わせた愛らしい赤ちゃんを連れた若いお父さんが云ったのだ。

「いつごろから、赤ん坊は話すのでしょう。父子家庭でね。この子と話をするのがたのしみなんです」

２０１３・５・６

親しいよそのひと

話すときも、原稿を書くときも、手紙を書くときも、つかわないと決めていることばがある。じつはいくつかあるのだけれど、そのなかのひとつに、「わが家」がある。

なぜ「わが家」をつかわないか。境界線とか、柵《さく》、塀、垣根といったものが好きでないからだ。囲いなどつくらずに、いたい。

現在住んでいるこの屋根の下に暮らす五人と一匹は「家族」というわけだけれど、それを「わが家」と呼ぶだけで、囲いができるような気がして窮屈だ。

ただし、誰かがどこかで「わが家」と書いたり云ったりしているのを見聞きしても、何ともない。「わが家」をつかわないのは、どうやら風通しよく！　というみずからへの戒《いまし》めであるのだ。

家族も友人たちもみんな、自分ではない「他人」である。

親しい、大事な大事な他人。
――そう考えたい。水臭いと云われるかもしれないが、わたしの理想は、家族とも友人とも、お互いに気持ちのよいよそのひと同士であること。

それでも最近、わたし自身、親しいひと（家族も含め）とのつながりに執着し過ぎているように思える。

つい先日友人が、「子どもたちが独立してから、お互いにやっとそれぞれという関係になれたような気がするのよ」と、うれしそうに話してくれた。友人の、「それぞれ」という表現がこちらの胸を叩く。それこそが気持ちのよいよそのひと同士さ、というふうに、叩く。

家族や親しい友人ばかりを大事にしようとすればするほど、自分のまわりに囲いがめぐらされ、さらにはそれが高くなってゆく。不思議なのは、囲いのなかにあってかえってうらさびしい心持ちになることだ。

そんなことを考え考え、台所で筍《たけのこ》しごとをしている。奈良県、京都府、長野県、埼玉県など、ほうぼうからいただいた筍をせっせと茹《ゆ》でては友人知人に配っているのである。

わたしのは、二時間かけて大鍋で静かにゆっくり茹でる方法。ことしは子どもたちに筍しごとを伝えることもできた。

送ってくれるひとのあることも、それをお福分けするひとのあることもしあわせだ。

自分のまわりに囲いがめぐらされていたのなら、筍もなく、筍しごともないということだっただろう。

昨夕は、京都の友人が筍とともに送ってくれた山椒《さんしょう》の芽をつかって、筍の木の芽和えをこしらえた。もっとも親しいよそのひと（夫）に供す。

2012・5・15

台所で顔を洗う

わたしの一日は、いちご（うちの大黒柱とも云える黒猫／十七歳）の朝ごはんの仕度からはじまる。わたしの足音が合図になるのか、いちごは台所の入り口あたりに先まわりして「おはよう」と鳴く。

缶詰のキャットフードの半量（約四〇グラム）を皿に入れる。それをいちごが食べる横にしゃがんで、その日のわたしの予定を話す。

その後、ヨガのようなこと、運動のようなことを三十分ほどしてから、顔を洗う。歯磨きも。それを台所の流しで、する。

湯を沸かし、ポットに注ぎ入れ、まないたの上で味噌汁のみを刻《きざ》み終えるころ、三女が起きだしてくる。この子も遠慮がちに、台所の流しで顔を洗い、歯磨きをする。

つぎに現れるのは、長女か二女だが、このひとたちも、台所で顔を洗う。前の晩、うちにひとつきりの湯たんぽが当たったひとりは、壁にかかった洗い桶に、湯たんぽの湯をあけ、それで顔を洗う。

洗面所は、一階の浴室につづく脱衣所と、居間や台所のある二階の二カ所にある。二カ所あるのはこの家の大家さんの考えだが、借り暮らしのわたしたちが活躍させていないことになる。

この家で、台所に顔を洗いにやってこないのは、夫といちごである。夫は脱衣所の洗面台で洗顔し、いちごは自らの前脚で顔を拭《ぬぐ》うという方法で洗顔を終えている。

じつは。わたしは、家人たちが台所の流しにやってきて、遠慮しいしい顔を洗うというのが、とても好きである。

ただし、それを推奨したことはない。なんとはなしに、そういうことになっていった理由についても、よくはわからない。

台所で働くわたしも、洗顔にやってくる者たちが困らないように、流しに洗いものがたまっていないように気をつけたり、調理も小さな範囲でするように心がける。そのことが、朝の厨《くりや》しごとをこぢんまりとすすませ、片づけを助けているようでもある。

食器用の洗い桶を洗面にも使うことから、二女が夜の後片づけのあと、洗い桶を丹念に洗い、壁にもどして干すことにも気づいている。

なぜこんな様子を気に入っているのか。自分でもわからないが、いろいろなモノ（あるいは場所）を、工夫しながら、そして気をつかいながら、これにも使いあれにも使うというところがいいのかもしれない。あまり褒められたはなしではないにしても。

2012・3・6

大げんか

台所に行ったら、あたらしいタワシがぽんと置いてあった。アクリル毛糸で編んだ、食器洗い用のタワシ。

タワシを見たわたしは、どぎまぎしている。

そこから遡《さかのぼ》ること二時間。久しぶりに二女とわたしは大げんかをした。滅多にけんかなどしないのだけれど、するとなると、なぜかつかみ合いになる。つかみ合った揚げ句、軀《からだ》の一部が鼻を打ち、流血を見た過去さえある。

このたびは血こそ流れなかったけれど、こちらのイライラがことを大きくしたのが明らかな分、後味がわるい。いつものように、けろっと仲直りできるかが気がかりで、ひとりじくじくしていた。

そこへ、二女が編んだアクリルタワシである。思わず「負けました」が、口から出た。

このところ将棋に一所けん命だったから、投了のときのあいさつのことばが出てきた模様。

仲直りできたから云うのではないけれど、けんかもときにはわるくない。

一週間のうち四日は出稼ぎに行き、のこりの日はわたしの仕事の事務や家事を手伝ってくれている二女とのあいだには、一日のうち何度か母娘関係を休まなければならない局面があらわれる。家族経営にはつきものの局面だ。

そこにふと、ある種の甘えが顔を出すと、うまくない。そんなことが度重なれば、いつしか澱《おり》のようなものが積もってゆく。

この澱、成分を分析してみても解決を見ないところがやっかい。それを、けんかなんかが一瞬のうちに吹き飛ばしてしまうから、わからないものだ。

わからないことに価値を見いだすようになって久しい。若いころは、決して簡単に「わからない」なんかとは云えなかった。

ところが最近では、堂々と「わからない」と云い、さらには、「わかるとかわからないではない」などと豪語するまでになっている。

けんかが、澱《よど》んだものを消し去ってくれたわからなさに身を寄せながら、わたしは二女の好物の「かた焼きそば」をこしらえる。市販の焼きそばをフライパンでかりっと焼きつけ、あいたフライパンで魚介類と野菜たっぷりのあんをつくる。かりかりの麵の上に熱々のあんをとろりと。

こういったもののおいしさにも、独特のわけのわからなさがあるような気がする。辛子と酢とが不可欠であることもまた。

2012・7・17

触書

〇月△日
・庭の草むしり→〇
・掃除機かけ→〇
・床拭き→〇
・換気扇掃除→〇
・ぬか床へかぶと茄子→〇

朝いちばんに裏紙にこう書きならべ、食卓へ置く。

この「置き触書《ふれがき》」を思いついて実行した日は、日付の前に「皆さんへ。手分けしてしたい事ごとを書き出しておきます。お願いします」と挨拶を記した。

これまで幾度か家事分担の方法を考えてきたが、ここ最近、助けを乞《こ》うのを忘れていた。ひたすらひとりでせっせと家事に励んだ。

というのはうそで、せっせでなしにかっかしていた。荷が重くなったなら、助けを求めればいいのに、そうはしないで、かっかしていたのだ。

かっかしているときには、
「ちょっとは手伝ってよ。アタシひとりに何から何までやらせてさ」なんてことを平気で云う。わたしがこの回線に陥《おちい》るなり、家人たちは一様に恐れおののき、ぱっと四方に散ってゆく。

気が済むまでかっかしたあと、わたしがこのたび思いついたのが、くだんの「触書」。思いのほかうまくゆき、これで十日つづいている。家人たちは、手伝いたいが何をどうしたものかわからず、具体的な要請を待っていたというわけだろう。
「触書」の◯のなかには、仕事の担当者の頭文字を書き、仕事を完了した暁《あかつき》には□に「レ」をつける。

2014・10・27

家族はばらばらでいい

昔からわたしは、家族はばらばらでいいと、憚《はばか》らず書いてきた。そうして、「ばらばらだが〇〇」という、「〇〇」の部分がその家らしさになるだろうと考えてもいたのである。

わたしの家族も、いまはすっかりばらばらだ。たまたま食卓に皆の顔がそろったりすると、「ひゃー、久しぶり。ええとええと、いただきものの、いくらのしょうゆ漬け出しちゃおうかな」とはしゃぐ。わたしにとって「〇〇」は、これ。「ばらばらだが、愉快に食卓を囲めるお互い」だと思う。

夫と気まずくなった。わたしが文句を云い募《つの》ったのがはじまりだ（いつものこと）。二日ほどお互いの目を見ずに過ごしたが、そんなことはつづけていられない。「ちょっとさ、話したいことがあるんだけど」と、近所のファミリーレストランに誘った。さあ、文句を云うぞ！　とばかりにあれこれ発したのだが、決め台詞《ぜりふ》を投げられずにいたそのとき……、ぽつり夫が云う。

「家族はばらばらでいいというのが、僕たちの考えじゃないか」

忘れていたわけではなかったが、そうだったー、とはっとした。ガツンとやられた。

わたしたちの前に置かれたのは、日替わりランチのチキンソテーとポテトフライ、五穀米のご飯、おかわり自由のスープだったが、それをふたり向かい合って食べたら……気が済んでしまっていた。

2015・10・26

2

受け継ぐ

捨てていい場所

「ちょっと貸して」

近所に用足しに出ようとした玄関で、帰りしなの二女とばったり会う。そこで二女に手提げをちょっと借りたのだった。

家にもどって、手提げを返そうと……。返そうとしてなかを見ると、内ポケットにゴミのようなものがこんもりと入っている。

「しょうがないなあ、手提げにゴミを入れたままにして」と二女に苦言を呈すると、

「ごめんね。恥ずかしいわ。でも……」と何か云いたそうにする。

ゴミ、とくに洟《はな》をかんだ紙のようなゴミを捨てていい場所というのが、おもてにはそんなにはない、というのが彼女の云い分だった。

「たとえば。きょう入った喫茶店のティーカップのソーサーなんかは、捨てていい場所

じゃないでしょう？　そのあとも、ゴミを捨てていい場所をみつけられなかったの」
「ゴミを捨てていい場所」と、わたしはおうむ返し。
たしなみのはなしだが、わたしは、洟をかんだあとの紙を捨ててはいけない場所がある
ることを娘たちにおしえたことはない。
……おしえたことのいかに少ないことか。しかし、それを省みるより、ここでは、子
どもにおしえられたありがたみを思おう。
とるに足らぬことかもしれない。でも、この世界のムードは細部によってつくられ、
細部には驚くほど大事なことが宿っている。

2013・12・16

ふみこー！

またしくじった。

向こうでアイツが呼ぶ。

「開けっ放し。開けっ放し」

と叫ぶのだ。

「はーい、ただいま。ごめんねー。待って、待って。だから、ごめんってー」

わたしを呼ぶのは冷蔵庫で、扉がぴたりと閉まりきらないと、たちまち声を上げるのだ。ただしほんとは「開けっ放しですよー」とは云わずに、ピーピーと信号音で呼び立てる。扉を閉めなおすまで叫んでいる。

じつは昔々もよく呼ばれた。いまよりさらに落ちつきがなく、おっちょこちょいだった子どものわたしは、ほら、こんなふうに。

「いま襖《ふすま》を閉めたのは誰だー！　静かに閉めなさい」

「ふみこ、ちょっと来なさい。お膳を拭いたのはお前か？　拭きなおし！」

母よりも父がうるさかった。父のなかには、かくあれかしという理想の所作があり、そこからはずれてばかりいる娘の仕業が気になって仕方なかったのだ。

「またか」とため息をつき、うるさ過ぎると思いもしたが、「ふみこー！」とやられた日々はなつかしい。いまでも、気持ちを入れずに作業していたりすると、「ふみこー！」という父の声があたまのなかに響きわたる。


昨年旅立った父を思うたび、ひとの所作の奥深さについて考える。冷蔵庫はじめ、あらゆる扉を静かにしかし確実に開け閉めしたり、きゅっと絞った台拭きでていねいに卓を拭いたり。

2015・12・7

ごめんくださ い

幼い日、よくお使いをたのまれた。子どもの足で三、四分ほどの豆腐店、パン店、小さな食料品店への買いものと、ちょっとした届けものだ。

買いものも使いの訪問も、戸口店先での「ごめんください」からはじまる。母にときどき「云ってごらんなさい」とやられた。声に出して「ごめんください」を唱える練習だ。届けものの口上《こうじょう》も練習させられたが、まずまず「ごめんください」がよく云えればそれでよし、というおしえ方だった。

自転車で売りにくる豆腐屋さんに「ごめんください」と云って、油揚げをおまけしてもらったことがある。「ここは嬢ちゃんの家の前でしょう。どっちかと云ったら、あっしのほうがごめんくださいなんですよ」とおじさんは云うのだった。

それから、スーパーマーケットができ、コンビニエンスストアがふえにふえ、「ごめんください」を云わなくても買いものできる機会がふえていった。それでもレジのところで店のひとに会釈して「お世話さまでした」くらいのことは云う。ところが、近年のインターネットでの買いものとなるとどうだろう。無言で出かけてゆき、ぽちっと「クリック」しておしまいだ。

「ごめんください」のことばとともに、わたしたちはそのこころをなくした。「ごめんください」は、相手と自分とのあいだをはかる礼節のものさしだった。

2013・7・15

おせっかい適齢期

青信号が点滅をはじめたのを見て、立ち止まる。その瞬間、目の前の事ごとがことばになって流れこんでくる。

傘。ロードバイク。水筒。麻のシャツ。冷やし中華。団扇《うちわ》。ベビーカー……。横断歩道の向こう岸のベビーカーのなかから、ちっちゃな手が見える。一歳くらいの男の子が身を乗りだすようにして、何かに向かって一所けん命手を振っている。紫の濃淡。みずいろ。葉のみどり。道の端の紫陽花《あじさい》……。

男の子に手を振らせているのは、満開の紫陽花だった。駅のロータリーにほど近いこんな場所に咲いていたとは。なんと愛らしい場面だろうか。しかし、ベビーカーを押す麦わら帽子のお母さんは、この場面を見ていない。スマートフォンとおぼしき四角い板きれを覗きこんでいて気づかない。

よくあることだ。身近のことに気づかないなど、ひとの宿命かもしれない。ただ、わたしはいい年齢になりました。おせっかいの適齢期である。

「坊やがあそこの紫陽花に向かって手を振ってたんです。なんてかわいい、なんて賢い」と、横断歩道の上でやったのだ。

麦わら帽子のお母さんはきょとんとしていたけれど、それでいい。わたしはわたしで適齢期を生きている。

同じ日の帰り道には、自転車乗りのお父さんに声をかけた。

「うしろの座席で、お嬢ちゃんが船を漕《こ》いでます。気をつけてね」

2015・6・21

見知らぬ「佳きひと」

ちっちゃな靴の底が、ふたつならんでこちらを見ている。電車のなかでのこと。思わず微笑みそうになるが、そうはできない。電車やバスや図書館や、公共のいろんな椅子や腰掛けに、「靴を履いたままの足でのってはだめですよー」。

子どものころわたしは、電車で、窓の外を眺める向きで座席に坐るのが好きだった。そんなとき、つい靴のまま座席にのっかって、「ほらほら、靴を脱ぎなさいな」と母にたしなめられた。母はわたしの靴を脱がせ、電車の床に揃えて置く。

わたしの娘たちにも似たようなことがあった。ときどき知らない大人が、わたしにかわって娘たちに「靴を脱いで坐ろうね」とおしえてくれることもあった。

そんな場面を思い返すのだろうか、この夏、二女がしきりに云う。「『ここでは靴を脱いで坐ろうね』とか、『(銭湯で)しゃがんでお湯をかけようね』とか、知らない子どもに伝えられるようになりたいけれど、むずかしいね」

そんなことがいまは伝えづらくなったね。わかる。

でも、わたしたち、佳《よ》き見知らぬお互いにもならなくては。ひとは、案外見知らぬひとに育《はぐく》まれ導かれる存在だからだ。

それを前提に、何をしたらいいか。みずからの内部に、慈愛にあふれた微笑み、やさしい仕草、気持ちのいいことばを蓄えておくことも肝要かと。

2015・8・24

待ち上手

待つことが下手になった。わたしも、そしておそらくあなたも……。

下手になったのは、何時間も何日も、何年も、という長い待ち方でなく、むしろごく短い待ち方だ。道ですれちがう相手を先に通すためこちらで待つというような。携帯電話を扱うため立ち止まるというような。袖振《そでふ》り合うたひとの陥った小さな困難に手を貸す方法を思案するというような。

いずれも、みずからの持ち時間を誰かのために「ほんのちょっと」使うということになろうか。日本人の品格は、こんなところにさりげなく在ったのではなかったか。さりげなく在って、さりげなく香ったのだ。

「ほんのちょっと」待つことをしなくなったわたしは、あっという間に待ち方を忘れた。どんなふうに待ったらいいのか、どうやって立ち止まったらいいのか、思いだせなくなっている。

道をゆずってても会釈すらしてもらえぬと憤《いきどお》ったり、携帯電話を使うときくらい歩みを止めたらいいのにと人の振り見て嘆息したりすることがある一方で、待ち方を忘れたみずからを省みてさもありなんと思う。

新年度がはじまった。今年度のめあては、待ち上手になること。なに、ものをゆっくり煮こんだり、果実酒を仕込んだり（そろそろ金柑《きんかん》酒を仕込もうというところ）、ぬか味噌相手に漬け時間を計算するわたしだもの。きっと思いだせる、待ち方。

2013・4・8

3

台所にて

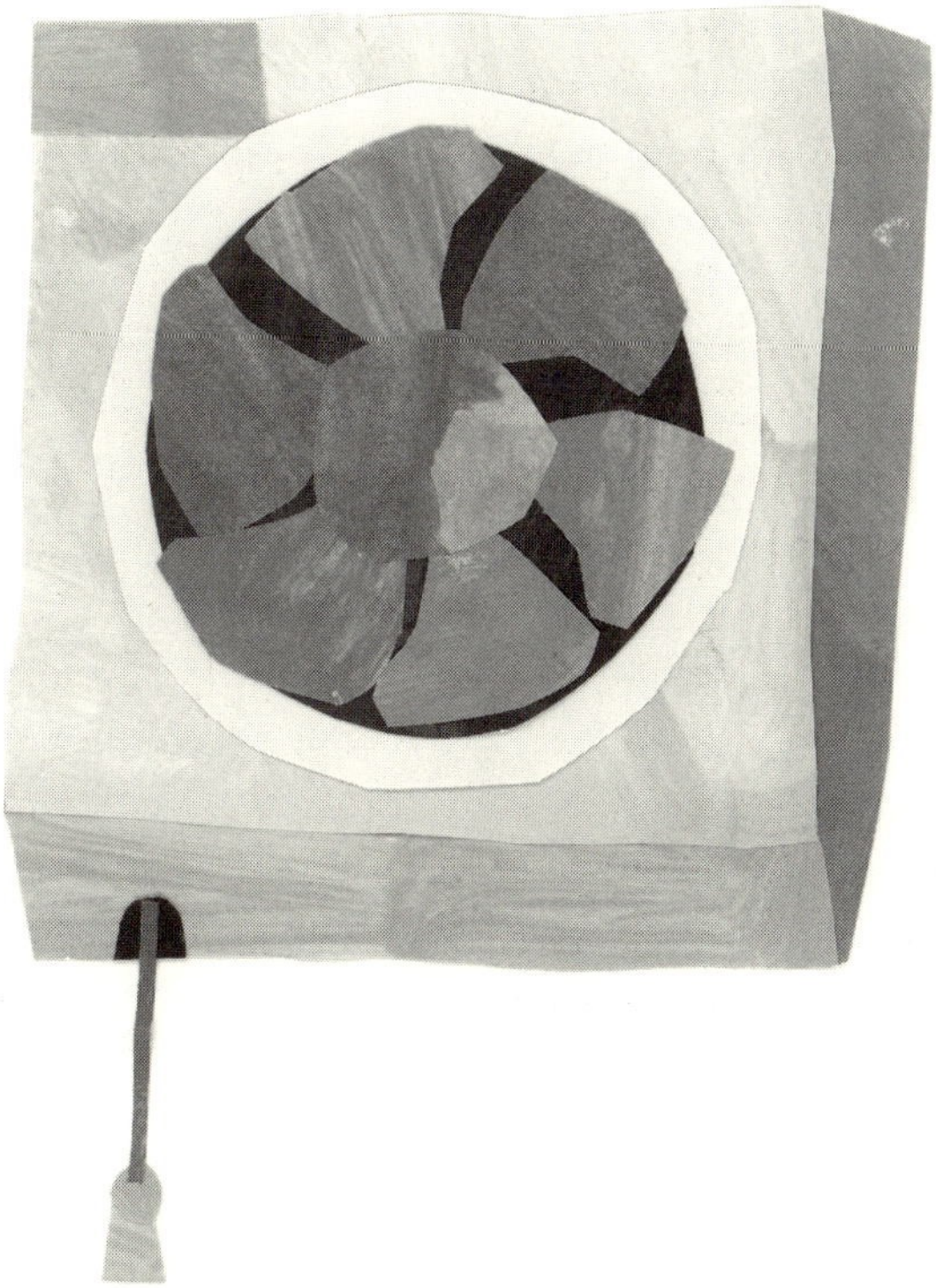

ままごとの気持ち

「台所仕事はたのしいものですね。最近、おままごとをしていた頃のいきいきとした気持ちがよみがえるのです」

というお便り。若い友人からのものだ。はっとして、何度も読み返す。

ままごとが大好きだった。わたしのはおもてへ出て行き、石を使ってごりごり草をすりつぶしたり、木の実をしごいて集めたりする活動的な、あるときは冒険のようなままごとだった。食べもの風のものを集めたり、かたちづくることに興味が集中していた。ままごとをしていた頃の気持ちなど、思いだすこともなくなっていたけれど、いまの生活はあのあたりとつながっているのかもしれない。あのあたりにあったのは、台所仕事へのあこがれだった。

あこがれは現実のものとなったのだ。食材を集めてくる。献立を考える。調理する。

自分だって食べるが、ひとにも食べさせる。片づけをする。また食材を集め、献立を……。これをもう三十年以上もくり返している。

面倒なこともなくはないが、わたしはたしかに台所仕事に支えられてきた。

ままごと時代にはわからなかったこともある。外では泣きごとは云わないけれども、台所ではこっそり云う。布巾を目に当て泣いたりする！　怒って、大根をぶった切ったりする！　「コノヤロウ」と小松菜を手で……。

2015・3・16

ひじき、フランスへ

フランスのリヨン在住の友人マリが、写真を送ってくれた。新年に登ったピレネー山の写真だそうである。

ときどきこうして、驚くようにうつくしい光景を写して見せてくれる。

学生時代の親しい友人がふたり、フランスに暮らしているので（マリはリヨン、いまひとりはパリ郊外）、わたしには彼《か》の国が親しく思える。行ったことはないのだけれど。

ピレネー山の写真のお礼に、そうだ、おいしいものを送ろう、と思い立つ。けれども、いまは、世界各国の食材が手軽に手に入る時代だ、日本の食材にも事欠かないのかもしれない。そこで、「何がいい？」と尋ねてみた。

「ひじきが一袋ほしいわ」という返事がくる。なんていいんだろう。わが身とすれば、フランスにひじきを送れる幸いということになる。

それなら、麸《ふ》やかんぴょうも一緒に送ろう。マリの夫君はフランス人だが、きっと彼女がおいしく料理するだろう。麸は、パン粉代わりにひき肉に混ぜれば、ハンバーグやミートボールの肉の量を減らせるし、さめてもかたくならない。食物繊維やミネラルも豊富なかんぴょうは、結んで煮物にしてもおいしく、またさっと茹でて和えものにしても、いける。

そうして、本人からのリクエストのひじきは、乾物界では、栄養面でのチャンピオン（鉄分、カルシウム、カリウム、食物繊維、ビタミン）。煮物にするほか、サラダや炒めもの、ふりかけ風に使える。

ひじきと答えてもらったおかげで、はるかな台所とつながりができた。厨《くりや》しごとは時としてめんどうにもなるけれど、見えないどこかの厨しごととつながっていると思えることは、大きな励ましになる。忙しい日も、時間が足らない日も、わたしはここで元気に立ち働いていますよ、というふうに思える。あなたも、どうか元気でいてくださいと。

たとえ、手紙やEメールのやりとりがたびたびできなくても、そんな思いが伝えあえるような気がする。

きょうは、そんな気持ちでひじき料理をと思っている。なんだかわくわくする。れんこん、にんじん、ごぼう、小松菜を炒め煮サラダにするとしよう。ドレッシングは、白ごまを煎《い》って、酢、しょうゆ、塩、こしょう、辛子、砂糖（砂糖はかくし味）でこしらえて。

それができたら、ピレネー山のほうに顔を向けて、「ヤッホー」と叫ぶ。

2012・2・14

一年に一度

二月も中旬になってから、年のはじめにいただいた年賀状を、やっとホルダーに納めた。これがこの一年、頼りないわたしの住所録の補佐役をつとめてくれる。

見直しながら納めていると、年賀状一枚一枚から気配が伝わる。正月には気づかなかった気配に、あらためてはっとしたり、笑わされたりした。

「お会いしたいですね」「遊びにきてください」と書いてあるのを眺めながら、わたしも、自分の年賀状の多くに、同じことを書いたなあ、と思い返す。

それがかなえばうれしいけれど、かなわなかったとしても、それもまたよし、と思うようになっている。

一年に一度決まった頃にお目にかかるひと。ばったり会うことのほか、会わないひと。かつては始終会っていたのに、なかなかそうできなくなったひと。実際には結局、一度しか対面していないひと。

若い時分には、そういう人びととのあいだを、なんと薄い縁《えにし》だろうか、と感じていた。縁を強固にしたいと気負ってみることもあったのだ。

しかし、年を経るごとに、その思い方は変化していった。近年にいたっては、この世で一度でも会うことのできた縁を、奇跡のように考えるまでになっている。出会えた出会えた、目文字《めもじ》がかなったかなったとよろこぶのである。

そんなよろこび方をわたしにおしえてくれたのは、厨《くりや》しごとではなかったか。と、ふと考えている。

台所では、一年に一度しか出合わぬ相手が少なくない。いまの季節なら、フキノトウ。じきに菜の花や小カブ、新キャベツも出てくるだろう。そうしてタケノコ、タラの芽も。

これらはみんな、一年に一度出てきたと思ったら、すぐと通り過ぎてゆく。

出合い損《そこ》ねることだってある。そんなことがあったとしても、わたしは、こうした野菜や山菜の香り、感触、味わいを知っている。知って、こころを寄せている。

また来年、と思ったり、またいつか、と希《ねが》ったり。

台所には、うつろうことの意味をおしえてくれる相手が、たくさん。

無理して追いもとめなくても、季節にも、そしてひとにも、かよい合うものがある。

と、信じたい。
相手と自分とのあいだ、をどう思うかにかかっているような気がする。
おもてには、一年一度の梅の花がひらいている。

2013・2・26

コンソメの教え

久しぶりにコンソメをつくった。たまたま通りかかった肉屋で、牛のすね肉に声をかけられたのがはじまりだった。仕方ないな、と思った。ここでこんな出合い方をしたら、連れて帰るしかないもの。

玉ねぎ、にんじん、セロリを適当に刻み、牛のすね肉は細切りにした。それらと卵白とを手で和え、鍋のなかへ。水を注ぎ入れ、小さな火でことことゆく。

ぷくぷくと、スープはひとところで小さく沸いている。これでよし。この状況をつくるため、火を弱め、二時間近くもそっと見守ってきたのだ。たいていの煮ものは、さあ、灰汁《あく》をとろう、さ、早くということになろうけれど、コンソメだけは、肉と野菜の層も灰汁もみんな、そこにずっといていいことになっている（だから、コンソメが好き）。肉と野菜の層は厚く、層の下は……。

そこには澄んだスープができている。

年々澄んだものが好きになるが、ただ澄んでいるのが好きなのではなかった。肉も野菜も、灰汁までもともにありながら、澄んだスープになるということに、打たれているのである。

鍋のなかの様子は、ひとがいろいろの経験を経て、悲しみ（哀しみ）を知ってゆくことを連想させる。悲しみを知ることは、わたしたちのこころを澄ませるのだと気づかせてもらった、コンソメに。

2013・11・25

わたしはたわし

たわしを半分ほどの大きさにした、馴染みの茶色の小たわしに向かって、長年の感謝の気持ちを伝える。

「あなたなしでは、野菜たちとこんなに親しくはできませんでした。どうもありがとうございました」

野菜の皮をごしごし洗うときに使う小たわしのはなしである。わたしが、野菜の多くを、皮を剝《む》かずに調理するものだから、たわしには休みなしに働いてもらうこととなる。大根をごしごし。にんじんをごしごし、ごぼうをごしごし。じゃがいもの皮などはごしごしのあと、剝いて、皮のポテトチップスにしたりする。

昨年、野菜の皮や芯、外葉をためておいて、野菜だしをとるようになってからは、活躍どころがまたふえた。そんなこともあって、前任の茶色の小たわしがくたびれてしまった。それで、いままでのたわしに挨拶をし、色白でちょっと紅をさしたおきゃんな小たわしにあたらしく来てもらった。

たわしは漢字で書くと「束子」だが、これはあまり見かけない。たいてい仮名で「たわし」と書く。じつはその昔、編集者をしていたころ、「わたし」を「たわし」と書いては、たびたび失敗した。はずかしいこと。

けれど、こうしてたわしの活躍について書いていたら、その働きにあやかりたい思いも湧いてきて、ふと「わたし」を「たわし」と書いてみたくなる。

2014・2・10

きょうの相手は新きゃべつ

上辺《うわべ》というのがある。

上辺。それは表面、みかけのことだ。とり繕《つくろ》おうとする誰かの（自分の）肩をもつわけではないけれど、上辺というのもなかなかに大事だと考えてきた。

上辺を整えることによって、なかみが「そこ」へ引き上げられるという経験もしている。

たとえば。子どもを家のしごとに誘う、手伝ってもらおうというときなど、ともかくまずはたのしそうにしていなければと思うのだ。

いやいやしているしごとに巻きこむのは無理だ。くたびれていたって、嫌気がさしていたって、たのしそうな上辺をつくる。そのうち、だんだん、ほんとうのほんとうにたのしくなってくることが少なくない。ここだ、子どもを釣り上げられるのは。

「お母さん、洗いものしちゃうね」というふうに釣れる。

上辺というものの不思議さだ。上辺となかみ（心根と呼んでもいいだろう）は連動している。

と、そこまでの理解はあったのだけれど、このごろ、上辺の下に隠れたものの味わいが胸に迫る。こんな無頓着な上辺の下に、これほど緻密な計画が隠れていたのか、とか。あるいはまた、冷たい上辺をそっと持ち上げ覗いたら、驚くようなあたたかいものが見えた、とか。

上辺贔屓《びいき》だったせいかもしれないが、あらためて、上辺だけではわからないことを思い知っている。いや、あらためて思い知ることのできる年齢になった、と云いたい。そうこっそり云いたい。

年齢をひっぱり出してきたのにはわけがある。何かの目に遭って、ずうっとあとになってから、ああ、あのときわたしが見ていたのは、あのひとの上辺だった。上辺の下の深いところはちがったのだとわかるのには、それなりの歳月が必要だからだ。

こうして、最近、ときどき、過去を洗い直している。思い直せる時間は、恩寵《おんちょう》だ。

台所でも、はっとすることばかりだ。何年、台所で働いてきたというのか（かれこれ三十年である)。それでも、まだまだ、食材の、刻み方の、煮え方の、味つけの上辺にとどまって、奥の奥に届かないでいる。

そもそも、料理の奥義を極めたいという志に欠けてもいるのがいけない。が、それでも、何十年も相手にしてきたものたちのことをもう少しわかってやってもいいなあと、このごろ密かに考えている。

きょうの相手は新きゃべつ。

2012・3・20

4

夫婦

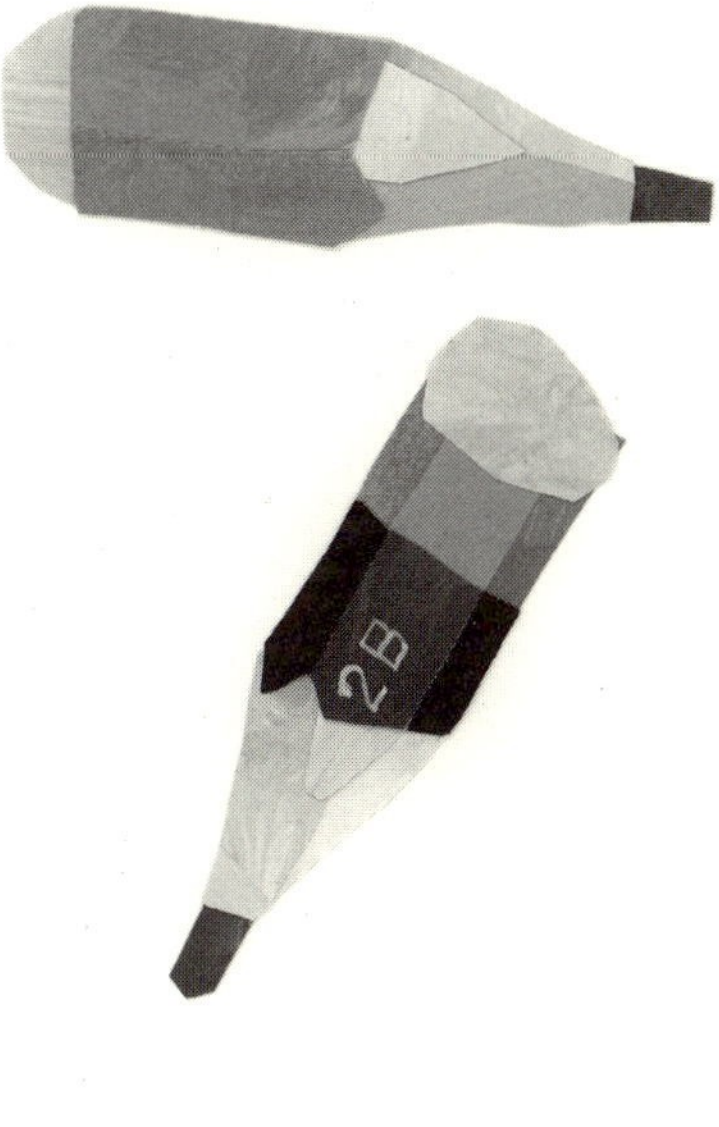

わたしに歯向かわないで！

「いまはそんな理路整然とした解説も弁解もいらない。こういうときはさ、わたしに歯向かわないで！」

ある日わたしは夫に向かってこう叫んだ。いまとなっては何を怒っていたのだか思いだせないのだが、わたしは怒っていて、こうなったからには放っておくか、うんうんと相づちを打つかしてもらいたかった。

ひどい云い分ではあった。歯向かうな、なんてね。夫にはあやまらなかったけれど、わたしは密かに恥じていたのである。

それから数週間のちのことだ。村上春樹の『遠い太鼓』というエッセイを読んで飛び上がった。断っておくが、うれしく飛び上がったのだ。一九八六年、ヨーロッパへの三年間の旅に出た村上春樹は、ギリシャのスペッツェス島で両替をめぐって妻と口論になる。

「女性は怒りたいことがあるから怒るのではなくて、怒りたいから怒っているのだ。そして怒りたいときにちゃんと怒らせておかないと、先にいってもっとひどいことになるのだ」

この部分が、本のなかで太字になっている。わたしはつくづくうれしかった。女性は……、と決めつけられて反論したい向きがあろうとも。なぜと云って、「怒っているときには、歯向かわないで！」というわたしの叫びが聞き届けられたからだ。

そうすりゃ、おっつけ機嫌はなおります。

2014・12・8

鍋焼きうどん

「コンチクショウ」と、たしかにわたしは云ったのだ。

その日は出だしから物言いがわるかった。朝の用事をすますなり、「きょうは面会謝絶。これからしばらく布団にくるまって眠ります」と宣言する。面会謝絶などというものは、よほどのことでもないかぎり、誰かがその状態を宣告し、指令されて行われるものではないだろうか。怠けの計画に、面会謝絶などとはおこがましい。

そしてわたしは、布団にくるまって、読みさしの本を開く前に眠りに落ちた。夢も見ずに眠った。

二時間近くも眠って目覚めかけたとき、夫がやってきて「昼はぼくがつくろう。何が食べたい？」と云う。

「鍋焼きうどん」

数日前に、とつぜん鍋焼きうどんを思いだし、無性に食べたくなったのだった。食べたい気持ちはなかなかにつよいものであったらしく、気がつくと口をついて出た。「鍋焼きうどん」と云われた夫は、「り、了解」と云いながら、かすかにうろたえている。わたしだって、いきなり「鍋焼きうどん」と云われたら、うろたえるだろう。けれどその日、面会謝絶のわがまま婆になり果てたわたしは、夫をうろたえさせても平気なわたしだ。

鍋焼きうどんは届いた。

どうやら一部出来合のものに助けをもとめたらしいが、小さな土鍋におさまって、わたしのもとにやってきた。

――うれしや、鍋焼きうどん。

そう思って土鍋のふたをとる。え？　と思う。期待がしぼんでゆくのがわかる。それから、ぱーんと怒りが込みあげた。なぜと云って、土鍋のなかにおさまっていたのは、きつねうどんだったのだもの。

甘辛く煮た大きなお揚げさんののった、きつねである。

関西では、たぬきにもきつねにもお揚げさんがのるそうだ。それで、たぬきは蕎麦、きつねはうどん。関東では、たぬきは天かす入り、きつねはお揚げさん入りとなる。

さて、怒りに身をまかせながらもわたしときたらすっかり（そうだ、汁まですっかり）それをたいらげ、階下に空の土鍋ののった盆を下げてゆき……。

「コンチクショウ」

と云ったのだ。

「鍋焼きと云えばさ、海老の天ぷら、麩、青菜がのるものと相場が決まってるのにさ」

こんな日もある。こんなにわるい日も。

2013・2・5

そこにあるもの

ある朝。テレビから「死ぬ前に食べるものを決められるとしたら、何を食べたいですか?」という問いが流れてきた。よくある設問だし、ときどき尋ねられることもあるから、わたしは答えを決めている。

鶏とセロリのサンドウィッチ。鶏肉を蒸して細かく裂いたのを、セロリのせん切りとマヨネーズで和える。これを、辛子を塗ったパンにはさんだのを、齧《かじ》りたいです。紅茶もあったらうれしい。

その朝、珈琲を淹《い》れている夫の背中に、同じ問いを投げてみた。「そこにあるものを、食べるよ」

へ? そこにあるもの? 珈琲に集中していて、わたしの問いが「きょうのお昼、何が食べたい?」と聞こえたものらしい。もう一度、訊く。死ぬ前に食べたいもののはなしよ。

「そこらにあるものを、食べるよ」

　このひとは……、自分のつくる映画のことばかり考えていてときどきわたしをイライラさせるが、ふとこんなことを云う。殺し文句。そこらにあるものを、というのには、このひとの、日常的なおかずに対する愛着がこもっている。

　そこらにある食材で、さっとつくれるものと云えば、煮もの、和えもの、かき揚げ、野菜炒め。茶漬けも、焼飯もできます。もちろんご飯とおみおつけも。

　うちで、わたしがめざすはいつも大ごちそうでなく、ちょっとおいしいものなのだ。

　そうだまないたを干そう、庭の台の上に。

2015・5・24

たくあん

ことのはじまりはたくあんだった。

その日は、めずらしく夫とわたしのふたりきりの晩ごはんになりそうだった。こんなときには、隠し持っている（！）日本酒を出して……と思って腰を上げかけたとき、ぽりぽり、ぽりぽりと、たくあんを噛む音がした。その心地よい音がどうして耳に障ったものか、気がつくとわたしの口はこう云っていた。

「毎日毎日わたしが漬けているぬか漬けよりも、お母さんのたくあんのほうがおいしいでしょうよ」

この思いだすのもおぞましい台詞には誤りと説明不足とがある。ぬか漬けのあれやこれやをわたしひとりがしているように書くのは誤りだった。娘たちも夫も、ぬか床に手をさしこんでいるからだ。説明不足のほうはたくあん。埼玉県熊谷市で農業を営む夫の両親が大根を育て、毎年それを干してたくさんのたくあんを漬けてくれる。どれほど待ち遠しいことだろう。その存在がうちの食卓に影を落とすことなどあるはずもない、ということは記しておかないといけない。

たぶん……わたしは、ただへそを曲げたかった。文句を云い募りたかった。それだけのことだ。

夫ばかりでなく、たくあんにもすまないことをした。結局その日はひとりで（たくあんを肴《さかな》に）日本酒を飲み、わたしは侘《わび》しい酔っぱらいになった。〈つづく〉

2014・3・3

けんかをひきずる

前回ここにて、ある日のみずからのへそ曲がり、不機嫌を打ち明けたが、その後のことを聞いていただいてもかまわないだろうか。

結局夫とわたしは大げんかになった。けんかするつもりも予定もまるでなかった夫だったが、さいごにはわたしの挑発にのってしまったわけだ。溜まっていたものが爆発したものか、ただちょっとあばれてみたかったのか、けんかをはじめたわたし自身にもわからない。

わたしにわかっていたのは、早々にけんかをおさめなければいけないということだけだった。たまにはけんかもいいものだ、というあたりに落着させたかった。

ところが、そうはならなかった。なかなか落着しなかったのである。

勝手にへそを曲げて文句を云い募ったわたしのほうは気が済んで、翌日にはさっぱりしていたのだが……。

夫は浮かない顔をして、何かを考えこんでいるふうだ。自分の殻のなかに閉じこもっている。けんかのムードを引きずるのはごめんだと思って、けんかをはじめたのはたしかにわたしで、あばれたりして申しわけなかった、とあやまった。

が、まだまだ相手は何かをひきずっている。

ふと庭に目をやると、ヒヨドリの夫婦が口げんかをしている。「もうそのくらいにしなさいな。仲直りに手間取ってもめんどうだからさ」なんてね。わたしに云えた義理ではないのだけれど。

2014・3・10

嘘つきさん

ずいぶん前のことになるが、友だちのなかに「嘘つきさん」がいた。ひとをたぶらかすというのではなく、ふと自分のことを偽る。どうでもいいような嘘。はなしが嘘だとわかるたび、云いたくなければ嘘なんかつかずにただ黙っていればいいのに、嘘がつきたくなるんだな、と思って見ていたが、彼女はとつぜんスペインに行ってしまった。それも嘘かもしれないが。

最近ときどき、スペインに渡ったまま行方知れずの友を思いだしては、嘘をつかせるこころとはどんなものかと考えている。

思いきって白状すると、わたしは「嘘即《すなわ》ち悪」とは考えておらず、三人の娘にも「嘘をついてはいけない」とおしえたことはない。幼い時分はことに、娘たちのつく嘘を大事にしていた。

いまはどうか。

ものすごくくたびれているくせに「全然平気」なんて云ったりするのもそのうちで、これは自分を「全然平気」の領域に向かわせるための嘘である。

そうそう、二週間あまり撮影に出ている夫がそろそろ帰ってくるが、わたしはきっとここでも「何事もなかったよ」と嘘をつく。二週間、何事もないはずはない。が、あれこれすべて報告するのは面倒だもの。

とは云え、わたしのこの罪なき（！）嘘はだんだんばれてゆく。「何事もなかったなんて、嘘じゃないか」と、知られてしまうのだ。

2015・11・30

5

家のしごと

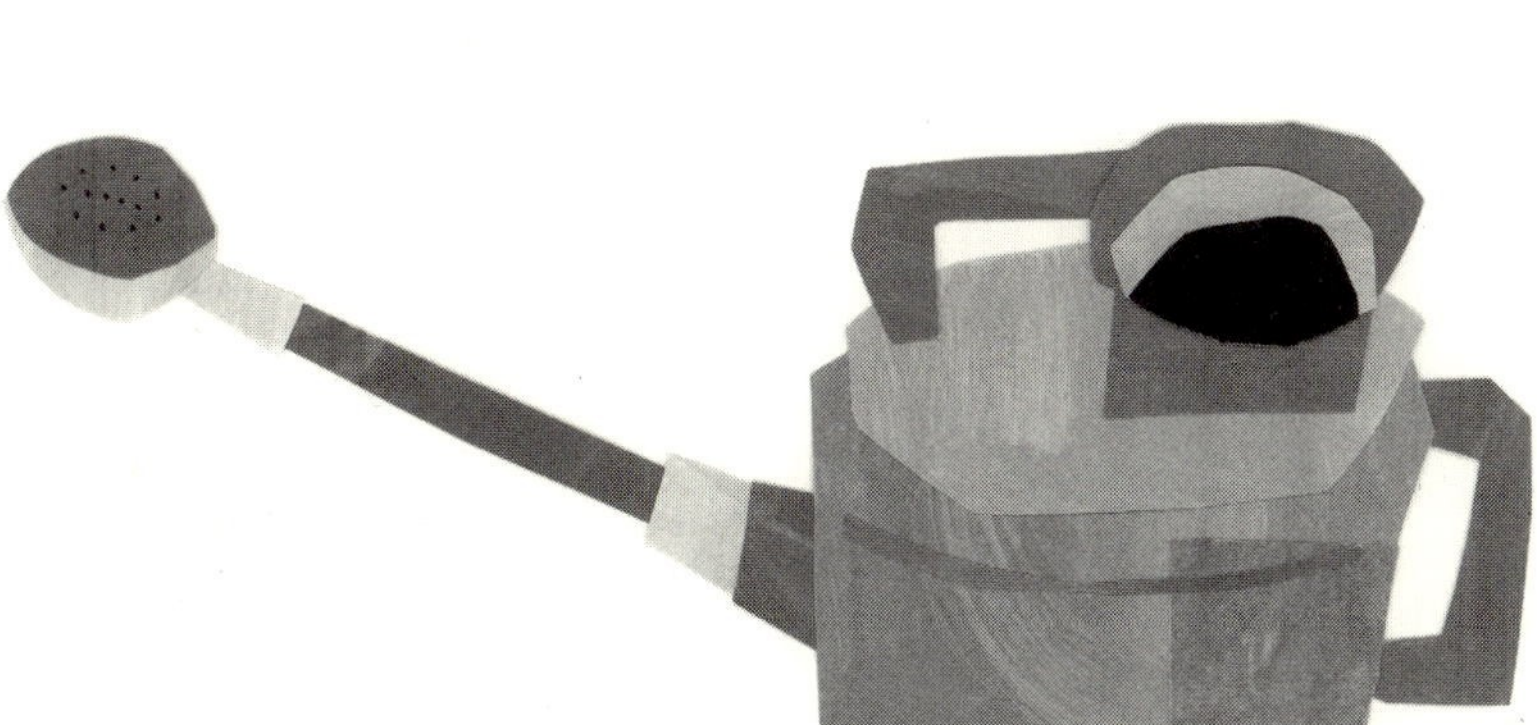

渾身のちからをこめて

おわったことを確かめながらかすかに脱力し、いま、ここにわたしは坐っている。

おわった……。

昨夜まで、書斎の机のとなりに、三女が勉強道具をひろげていた。おわった……のは、中学三年の中間試験。

教科書、ノート、参考書、問題集を床の上にまで積み上げ、いつもは比較的こぢんまりと仕事をしているわたしの部屋は、「おわった」あとも、いまだ雑然としている。

三女ばかりでなく、長女も二女も、緊迫した状況を迎えると、ときどきわたしの部屋に割りこんでくる（わたしだって、ここではかなり緊迫しているんですけどね……）。

そうだ、緊迫した者同士、となり合わせでいると、それぞれではありながら、まるで対局しているかのような場がつくられる。

わざわざ緊迫を二乗にしなくても、と思うのだけれど、もしかしたら、これには書斎の机の作用もあるのかもしれない。というのも、この机、五年ほど前まで食卓として使っていたものだからだ。かつての食卓は、机となったいまも、なんとはなしに子どもたちを惹きつける。……きっと、そうだ。

緊迫と云いながら、ときどきちょっかいを出す。

たとえば。ふと思いついた「渾身」ということばを紙に書きだし、「これ、何と読むでしょうか」と訊くのである。

「え」と云って、おとなりさんは黙りこむ。将棋のつぎの一手を考えるときのような顔。

「……ぐんみ？」

「ふふふふふ。『こんしん』だよ。からだ全体という意味」

と答える。

「わたしはそろそろ台所に行くね。渾身のちからをこめて、ごはんをつくるよ」

（けっこうむずかしい漢字を書いたり、複雑な多項式を解いたりしているらしいのに、渾身を『ぐんみ』とは可愛いなあ）と思いながら、かぶら蒸しをつくる。

渾身。渾身のちから——。

かつて同業者から「あなたは、家のしごとに渾身のちからをふりしぼってるけど……」と指摘されたむかしがよみがえる。そこには、家のしごともいいが、職業に向ける時間をふやしたらどうかという意味合いが含まれていた。

家のしごとほど大事なもの、おもしろいことはないと思えると、いまなら答えられるのに。主婦業、職業、趣味の区別なく、それぞれ渾身のちからをこめるだけの値打ちがあると信じていると、答えられるのに。

2012・5・29

おみおつけのお守り

しまった、おみおつけを忘れた！

大急ぎで火を入れて、わかめ、油揚げ、ねぎのみのおみおつけを椀によそい、玄関に走る。二女がスニーカーの靴ひもを結んでいる。その鼻先へおみおつけを……。その顔つきは、もう隣町の仕事場に向かうひとのものになっている。

「香りだけでも、嗅いでいってよ」


母がそう呼んだからだろうが、わたしも味噌汁を「おみおつけ」と云う。

大人になって、女優で随筆家の沢村貞子が「御御御つけ」（『私の台所』所収）という文章を書いているのをみつけたときは、飛び上がるほどうれしかった。「おみおつけ」ってのはそうか、「御御御つけ」と書くのかと、驚きもした。そうだよなあ、大事なおみおつけだもの、敬意をあらわす「御」の字が三つ重なっているのはふさわしい。以来、ますますおみおつけを大事に思うようになった。

うちじゃあ、朝ごはんの主食がご飯のときばかりでなく、パンや蕎麦（蕎麦好きなので、どうかすると朝から蕎麦を食べる）のときでも、おみおつけはつける。家人の誰かが、時間がないと焦るようなときでも、「ともかくおみおつけだけはね、ね」と、椀をつき出してきた。

おみおつけはわたしが、食卓で手渡せるお守りなのだ。それをどうしたことか今朝は忘れかけたが、おみおつけの香りだけでも吸いこんでもらえてよかった。

2015・4・26

ごしごし

「よしっ」とばかりに腕まくり。と思ったら、袖のない服着ていたので、気持ちの上で、まくる。

台所のシンクの前に立っている。磨き上げよう。ごしごしゆこう。

わたしに腕まくりをさせたのは、友人のまさえさんだ。便りのなかに、こんなくだりがあった。

「OLをしていたころ、給湯室の清掃は新人の役目でした。シンクをぴかぴかにするのが趣味だったので、後輩ができたとき、こっそり頼みました。『シンク磨きだけは、もう少しわたしにさせて』」

これを読んだ途端、わたしも台所のシンクを磨きたくなった。後片づけのあとこするともなくやわやわこすっていたが、「シンク磨き」というからには、もっとごしごし!

磨き砂（昔ながらの粉のクレンザーを使っている）を振りかけ、キッチン用たわし（ナイロン不織布）でごしごしこする。磨いているうち、額《ひたい》に玉のような汗が浮かんだ。いつしか夢中になっていたのである。

OL時代にシンク磨きが趣味だったというまさえさんは、お母さんになったいまも台所のシンクをごしごし磨き上げているだろうな、と想像する。

それから。この七月、闘病中の友人を自宅に訪ね、何品かおかずをこしらえたあと、シンクを磨いたときのことも思いだした。あのときは、「悲しみや不安を抱えた友人のこころが、だんだん晴れてゆきますように」「病気の原因が静かに消えますように」と希《ね》いながら、祈りながらのごしごしだったなあ。

台所のシンクはそれは、きれいになった。磨いたわたしの気持ちまで磨かれたようなすがすがしさ。

この先、憂《うれ》いにとらえられたときには、こんなふうにシンクの前に立って……、と思う。憂いが恨みに転じそうなときにも、憂いが暴走しそうなときにも。

それに、磨く対象なら、シンクのほかにもたくさんある。

ガラス窓。グラス類。床。玄関の三和土《たたき》。毎日世話になっているラジオやテレビ、パソコン、電話機も、磨いたらどんなに気持ちがいいだろう。

何かを磨くことによって、みずからをも磨く存在になり得るわたしたち。どうしてそうなるのか、などと理詰めでゆかずに、ただそれを信じてもいいのじゃないだろうか。

磨き上げてわかったこと。ごしごし磨いた対象は、あたらしいものを手に入れたときに勝るとも劣らぬよろこびをもたらす。

2012・8・14

大きな買いもの

ときどきわたしは、誰にも相談もせずに大きな買いものをする。あまりいいことじゃない、と知りながら結局遂行《すいこう》するときには「思いつめていたんです」と言い訳する、あとから。

昨年は、ロフト式ベッドというのを買った。それが届いたとき、夫はびっくりした顔をしたが、「さてはこれ、ぼくの仕事部屋に置くんだね」と云った。「その通りです。組み立てていただけますか?」

「片づけたがり」のわたしには、夫の仕事部屋に積まれたダンボール箱ががまんならなかった。なかみはどうやら十年来の映画やテレビ番組の撮影テープらしい。ぎゃっ!ああでもないこうでもないと密かに片づけの手段を考えつづけた。

空中に置くしかない!

こうしてロフト式ベッドがやってきた。床面積がひろがり、しぶしぶ組み立てていた夫も、明るい顔をしている。すべてがうまくいったと思ったある日、うっかりわたしは、ベッドの縁に頭をしこたまぶつけた。夫の領域に入りこんで勝手な買いものをしたことを、誰かにたしなめられたのかもしれない。頭をぶつけたのはそのとき一度きりだったが、ちょっと反省した。

しかし、こんなようなことで道を切り開く気分になることは、わたしにとっての、大事の大事。家もわたしも、わたしの仕事も、同じところに留まったりしないで、切り開かなけりゃ。

2016・1・11

靴下の穴

なつかしくもあり、なんとなくうれしくもあり……。まず、驚いた。ともかく大きな穴だった。何の穴かと云うと、靴下の、だ。思いがけないひとの、思いがけないほど大きな（見事と云ってもさしつかえないと思う）穴。

ここで、思いがけないという穴の主を発表するわけにはいかないが、わたしはうれしかった。ああ、このひとは、とことん靴下を履《は》くひとなんだなあと思って、しみじみうれしかった。

最近、たのしい光景を見た。長女が背中をまるめて、何やらちくちく縫っている光景だ。雑誌をつくる仕事に携わり、休日も返上、帰宅は深夜という日をつづけていたこのひとが、めずらしく家にいるなあと思ったときの、とつぜんのちくちく。半時《はんとき》（いまの一時間ほど）も同じ姿勢でちくちくやって、こんどはいきなり雄叫《おたけ》びである。

「あー、気持ちよかったー」

何がどう気持ちよく、何ができたのかと尋ねると、気に入りの五本指の靴下三足の綻《ほころ》びを繕《つくろ》ったと云う。

そうそう、五本指の靴下は、わたしも好きで愛用しているが、ひとつだけ困ったところがある。どうも、綻びができやすいのだ。

長女の繕いものの光景もうれしかったが、もっとうれしかったのが、この手仕事を、たまった疲れややりきれなさを解消する手立てとして選んだところである。

「やりたいことができなくて、むしゃくしゃしていたんだけどね、靴下三足よみがえらせたら、すーっとした」

そんなことがあって間もなく、こんどは穴ではないが、白いシミが目の前にあらわれた。夫が着ている黒のフード付きパーカ（parka）に点々と、それはついている。

どうやら、ペンキ仕事をしたときについてしまったものらしい。作業用の薄灰色のパーカに着替えればいいのに、と思いながらペンキ塗りを眺めていたのが、案《あん》の定《じょう》こういうことになった。

……が、黒地についた点々に、こちらはちょっとときめいている。

この点々を、隠す仕事がわたしを呼んでいる。黒い糸で刺繍のように縫って隠そうというわけだ。器用とはとてもいえないわたしだが、こういう仕事が滅法《めっぽう》好き、ときている。

それは、繕いや刺繍のシミ隠しが、身につけるひとのお守りになると信じているからでもある。

2013・1・15

あのころの〈ふみこ〉へ

この数日、二十代三十代の女性のグループとの作業がつづいた。役割を分担して働く日々のなか、若いひとたちの明るさ、思いやりにすっかり感心させられた。

同じころの自分を思い返すと、顔が赤らむようだ。わたしはこんなじゃなかった……。若さ故の勢いはあったけれども、考え無しで思いやりのこころも不足していた。あのころの〈ふみこ〉を目の前にしたら……、逃げだしたくなりそうだ。

五十代も後半になったいまは思いやりに満ちて、考え深くもなりました。と書きたいのはやまやまなれど、それはどうもおぼつかない。ひとの核を形成する大事なところで、怠けたのだろうか、わたしは。

しかし、そんなわたしにも、ちょっとは成長があるはずで、時間をかけることの値打ちに気づいたのも、そのうちだ。

年が明けてから、時間のかかる手仕事に気持ちが向いて、柚子《ゆず》茶づくり、キムチづくりに精を出した。忙しいとか、予定がたくさんなどという言い訳はひとまず、脇に置き、こんな作業に身を入れていると、気持ちが明るんでくる。

若かりし日の自分に会ったら、伝えたい。時間をかける道を選べば、ということは不便や節約を厭《いと》わずに、ということにもなろうけれども、これから先どういうふうに生きてゆけばいいのかが、自然にわかるはずだと。

2016・2・8

6

風景をつくる

行きずりの「ばかやろう」

「ふざけるな。ばかやろう！」

女声《じょせい》だった。

最寄り駅近くで信号待ちをしていたわたしは、びっくりして思わず、後退《あとずさ》りし、自分に何か落ち度があったろうかと、きょときょとしている。

目の前に二台の自転車が止まり、前の男の子がうしろの自転車に向かって「ご・め・ん」と云った。

どうやら「ふざけるな。ばかやろう！」はわたしに向けられたのではなく、自転車で連れ立つ母から子へのものであった。

勘違いとわかっても、わたしは、あの「ばかやろう」を引きずっている。

有《あ》り体《てい》に白状すると、わたしにだって「ばかやろう！」と叫んでみたいことくらいある。しかしそうはしない。「ばかやろう！」と叫ぶのは簡単だが、別のことば、ことばでない所作に置き換えるほうが有効だと学んだからね。

このように「ばかやろう」に寛大なわたしが、なぜ行きずりの「ばかやろう」を引きずるのか。たぶん……、この世の風景について考えさせられているのである。

わたしたちは風景をつくりながら生きている。

不穏な叫び声より、「お先に失礼します」「どうぞ」「どうされましたか？」「手袋が落ちましたよ」なんていうことばのある風景のほうがずっとずっと素敵。重ねて書くが、わたしたちは風景をつくりながら生きている。

2015・1・26

「年の功」の不足

隣りあわせた相手、つまり袖振りあった誰かと、ことばを交わす。

こういうことが何でもなくできるようになったのが、みずから評価できる自分の「年の功」だと云える。ほかにたいした功が見あたらないのは情けないけれど、ふとした束の間の語らいは、功の上に、まずたのしい。


「……天気ですね」

と聞こえた。映画館のロビーの椅子で隣りあわせた若い男のひと。よく聞きとれなかったが、日射し降りそそぐうつくしい午後であったから、「いいお天気ですね」と聞くことにした。

つづけて、何か云われたのだが、これもよく聞きとれない。そっと見ると、黒いシャツをぱりっと着こんだひとの両の耳に、補聴器（のようなもの）がある。聴覚に障害を持っておられるのかもしれない……。

わたしときたら手立てなく、そのひとのことばに耳を傾け、うんうんと頷《うなず》いたり、ときどき「そうですね」ということばをはさんだり。思い切り「年の功」の不足を突きつけられたのだった。

映画も隣りあわせの椅子で鑑賞。せつない思いが胸にひろがって、映画をじゅうぶんには堪能できなかった。

どうするのがよかっただろう。帰り道、とぼとぼ歩きながら、筆談という手立てもあったなあと思いつく。

聴覚に障害のあるひととの会話にかぎらず、わたしたちには知らなくてはならないことがたくさんある。


なまけて、家でごろごろしながら、よく考える。

——ああ、きょうひと日《ひ》、わたしの手足、視力、聴覚をそれを必要とする誰かに使ってもらいたいなあ。

と。ある機関に「ある日のわたしの手足」「○日の視力」「△日の聴力」を預け、誰かに使ってもらうとは、子どものころからくり返してきた想像だ。

それは（いまのところ）、魔法の世界のはなしかもしれないけれど……、実現しないいまでも、わたしにはまだまだできることがある。

そんなことを考えていた台所で、もうひと気づき。

自分がこうしてつくったごはんを、それを必要とするどこかの誰かに届けるというのも、これから先自分にできそうなことのひとつだ。

本日の誓い。知らなければいけないことを、知る。わからなければいけないことを、わかる。そうして自分にできることを考える。

2012・6・26

三度呼んだのに

朝九時ごろ、大通りの横断歩道を渡ろうとしたとき、反対側から渡ってきたひとのなかに知った顔をみつけた。家族ぐるみで親しくしている一家のお父さんだった。やれうれしや。そう思って名を呼んだ。

「Bさーん」

わたしの声は届かなかった。再度呼ぶ。「Bさーん」あらま、まだ届かない。三度めはさらに声張り上げて、「Bさあーん」と呼んだが、結局気づいてはもらえなかった。三メートルほど先を行くBさんの耳にイヤフォンが見えた。どうやら、わたしの呼び声はイヤフォンの向こうの音に阻《はば》まれたものらしい。

数日後、用事があってBさんのうちに行き、直接恨みごとを云う。「この前、三度も呼んだのに、気づいてもらえなかった」

「声出して呼んでもろて、無視するなんて。ごめんな。許してや」と云って、Bさんはしきりにすまながる。

あの日わたしの声を聞こえなくしたのはイヤフォンだ。自動車やバイク、自転車の運転の際のイヤフォンの使用は（道路交通法で）禁止されているけれど、歩くひとだって同じだ。イヤフォンをしていたがために外界の変化に気がつけないのは困る。

外界には、途方に暮れているひともいれば、会いたかったひと、メジロやウグイス、春の近づく気配だってあるのだから。

2014・3・17

表情がない

平日の昼下がり、路地を歩いていた。かかりつけの整体院の予約の時間めがけて、すたすた、すたすた。小さな交差点にさしかかった。西方向からきた若い女性の乗った自転車と、北方向からきた若い男性の乗った自転車が接触した。自転車は倒れ、ふたりも自転車とともによろけて転んだ。わあっ。事故現場を目撃したわたしは、駆け寄ろうとした。「お怪我は……」。

ところが、二台の自転車はあっという間に東と南に向かって走り去った。えっ？　驚いたのは、その間自転車のふたりが一言もことばを発しなかったことだ。

とり残されたわたしは、すぐには歩きだせなかった。

目の前の出来事が、無言、そして無表情のまま終始したことに驚き、傷ついている。仕方がないので、「ごめんなさい」「こちらこそ」「痛くしませんでしたか？」「大丈夫。

そちらは?」と、一人芝居をしてみる。

こんなふうな表情のない風景をときどき見かける。ひと同士伝え合うこころを忘れたのか。目の前に存在する相手が見えなくなっているのか。

表情のない文章を読まされることもある。どんなことを伝えるときにも(思いきった主張を述べるときはことさらに)、どこかでちょっとにこりとしたり、あっかんべーをしたり。そんなことがあったらいい。にこりだなんて、笑ってごまかすな、と叱られるかしら。

2014・11・24

パソコンの入院

不具合の生じていたわたしのパソコン、どうやら故障だということがわかったので入院治療に送りだす。

ところが。入院したと思ったら、三日で退院してきた。ハードディスクを入れ換えたそうで、診断書にはあたらしいハードディスクの性質について記してあった。

パソコンの留守ちゅう原稿用紙に親しみ、万年筆とも友好をとりもどし、机環境が変わるだろうと想像していたのだけれど。こんなにも早い帰還におどろき、パソコンにかけた声が裏返ってしまった。「OKAERI……」。

結局、わたしの机環境はたいして変わらなかったけれども、自分がいかにパソコンに依存していたかについては、認識した。これほど仕組みのわからない相手もないというのに。

ほかにも、よくはわからない電化製品と云えばテレビか。ラジオは小学生のころ、組み立てたことがあるから、少しわかるようなつもりになっているが、テレビは……。わからないまま観客になっている。

パソコンの入院ちゅう、原稿用紙に2Bの鉛筆で文字を書いていたとき、まないたの上で包丁を握っているのと同じ感覚をもった。安心感があった。自分のしていることが、そのまま目の前にあるという安心感だ。

点火装置のちからは借りてはいても、ガス台の火の上に鍋をかけ、野菜をことこと煮ているときも、自分のしていることがはっきりわかる。

首を絞め、羽根をむしってあるにわとりを一羽入れてスイッチを押すだけで、一時間も待たずに鶏の丸焼きをつくってしまう箱がある。ぽんぽんと指先で打ちだした文字の連なりを、ボタンひとつで届かせたい相手のもとに送信できる箱もある。どこにも線がつながっていないのに、持ち歩いてどこからでも通話可能な手におさまる箱というのすら。

いつの間にか、道具はどんどん進化した。けれど、品性のない持ち方使い方もあるような気がする。そのことを考えさせられた、このたびのパソコン入院騒動だった。

まず、パソコンに向かって、「おかえりなさい」を云いなおす。わからないことだらけのくせにして、パソコンに向かって無理な注文をし、高飛車《たかびしゃ》なもの云いをした。品性に欠けていた。これからは慎みをもって向き合おう。わからないながら、いや、わからないからこそ。

そして、ときには、原稿用紙も使おうと思う。

2011・9・13

そんなにみんな潔白なのか

机の下で、こそっと蚊遣《かや》りを焚く。自分のためだけにこういうことをするのは、ちょっとした贅沢。蚊遣りくらいどうということもないのだけれど、これを贅沢と思えることが、まず贅沢だ。

このごろわたしたちは、攻撃的になっていやしないか。もっと云えば、人間の性質のなかの攻撃性がつよまっているのではないか。一種の変態《へんたい》（生物、ことに昆虫や植物がちがった形態をとること）。

村八分《むらはちぶ》。袋叩き。バッシング。すぐとひとを、ものを排そうとするやり方。そういうのが大きらいで、決してすまいと戒めてもきたのに、わたしもうっかりすると、似たことをしかかる。

反対意見を持つのがわるいというのではない。伝え方、反対のし方に意味なく攻撃性が帯びるのが困る。……なぜそうなる、と考えこんでいたとき、友人のコウジサンから便りが届いた。そこに「そんなにみんな潔白なのか」という一文をみつけて、飛び上がる。それぞれ、云いたかったことは。最近いろいろな場面でおぼえていた違和感を、それは云い当てていた。

蚊遣りのおかげで、ぶんと音をたてて飛んでいた蚊がいなくなった。除虫菊を主成分とした蚊とり線香の煙はやさしい。が、蚊はこれを嫌って、ここでないどこかへ行ってしまった。そんな蚊遣りの有り様……。コウジサンに返事を書く。

2015・6・28

7

子どもたち

ぱりぱりっ

ぱりぱりっと音がする。

その場が一瞬張りつめる。

台所からそっと覗くと、高校の制服姿の三女が何か食べている。きゅうり。ぴん、とあたりを張ったのは、きゅうりを嚙む音だった。卓の上に、晩ごはんのおかずとしていの一番にのせたぬか漬けの器から、つまみ食いをしている。

つまみ食いをたしなめもせず、ぬか漬けの減ってゆく心配も忘れて、ただきゅうりを嚙む音に聴き惚《ほ》れている。ぱりぱり、ぱりぱり。

音がしなくなってから、卓の上の器を覗くと、数枚のきゅうりと、茄子《なす》とみょうがが所在な気《げ》にとり残されている。一本近く食べたね、あの子は。

こんなことのどこがそう思わせたものか、これは、この夏の記憶のなかでもっとも印象深い出来事であった。驚くべき気象災害もあり、悲しみも怒りも少なくはなかった記憶のなかで、明るさを灯している。

三女のつまみ食いは、夏のはじめのことであったから、七月八月と、わたしは常よりも熱を入れてぬか床の世話をした。

そうして、夕方の卓にぽつんとぬか漬けを盛りつけた器を置くようにした。そこをめがけて時間を計算し、ぬか床に野菜を漬けこむ。昼をまわってから漬けるとちょうどいい暑い日もあった。それが、いまは、朝から漬けこんでおくほどの室温になっている。

2014・9・8

コロッケどっさり

昨日までのうだるような暑さから一変、きょうのこの涼しさたるや。朝顔の花も、いつもなら午前八時には暑さでしおれはじめるのに、きょうは午後三時現在、のびのびとして咲いている。

青い花が六つ、白が一つ。

例年二階の居間の窓を覆うように仕立てていたのを、ことしは三階のテラスにまで凧《たこ》糸《いと》をのばして、「もうひとがんばり高く、長く」とたのんでいる。つるは、じきに三階の手すりに到達する。

朝顔の育つのを眺め、花を褒めながら、ことしはその不思議さに圧倒されている。どうしてこんなに不思議なことばかりあるのだろう。

ひとの生き方は、朝顔の不思議さから遠くなってゆくようだ。みずから離れてゆきながらも、思わずふり返る。ふり返って、あらためてその不思議さに目を瞠《みは》るのだ。

だから、「どうしてこんなに不思議なことばかりあるのだろう」という思いは、実感ではなく希望かもしれない。そういう見方を忘れたくないという希望。


昨夜のことだ。

二女の保育園時代からの友人が夕方遊びにきてくれた。

「じゅんちゃん、ごはん食べてってね」

うれしくなってわたしは、コロッケをどっさり揚げ、きゃべつ一個をせん切りにする。

晩ごはんのとき、じゅんちゃんは、何かを話したそうにしていたが話さず、そのかわり、コロッケをたくさん食べてくれた。

じゅんちゃんとふたり暮らしだったお父上がことし二月、旅先で亡くなったことを知ったのは、今朝になってからだ。云いたそうにしていたのは、そのことだったのか……。

「ふんちゃん（わたしだ）が、お父さん元気？　と訊いてくれたら、云おうと思っていたそうよ」と二女が云う。

たしかにわたしは、風変わりで、だからこそ親しみも抱いていたじゅんちゃんのお父上のことを昨夜、一度も口にしなかった。なぜかしら。いまから考えると、まるでお父さんもわたしたちと一緒にいたかのような食卓だったからだ。昨日は、たしかにそんなふうだった。

二女に話しておくことにした。

「云いださせてあげられなくてすまなかったね。だけど、お父さんは向こうで元気にやってるよ。気楽にじゅんちゃんとここへコロッケを食べにくるくらいに。また、一緒にごはん食べようね。じゅんちゃんにそう伝えて」

どうしてこんなに不思議なことばかりあるのだろう。

2012・7・31

これ以上何を

「これ以上何を望むと云うのだろう」と、いろいろな場面で思わされる。そしてその感じは、近年つよくなる一方だ。

東京都武蔵野市の教育委員を拝命してから半年が過ぎたが、市内小中学校を訪ねるたび、子どもたちの姿に打たれてしまう。もちろん、せんせい方も讃《たた》えたい。だが、生まれてから、いちばん長くても十五年しかたっていない子どものがんばりは、どうだろう。

学校に通って、勉強をおそわって、運動をして、友だちをつくって、当番や委員も引き受けて、宿題もして……。五月と六月には体育祭が行われた。その日をめざして連日練習に励んだり、演技種目の動きをおぼえたり。えらいねえ、君たち。

そんな大変な日々を送っている君たちに、大人はもっとがんばれ、まだまだがんばれと発破《はっぱ》をかけたりする。あたりまえのがんばりだけでは足りないんだとばかりに。

わたしは思うのだ。もうじゅうぶんがんばっている君たちに、これ以上何を望むと云うのだろう、と。

望みをふくらませるのがわるいわけではないけれど、「学校で一日を過ごした」「体育祭、たのしかった」というひとつひとつに、もっともっと価値を見出していい。

きょう一日が無事に終わることは、恩寵《おんちょう》そのもの。奇跡のようなことなのではあるまいか。

2013・7・1

子どもは大人を見ている

たのしい便りだった。

「お元気ですか？　八月四日と六日に父のお弁当をつくりました。丁ねいにつくろうとすると時間がかかり、早くしようとすると雑になり……。でも、どちらもおいしいと言ってもらえてよかったです」

と書いてある。

この便りをくれた友人の由樹子さんは中学一年生。弁当をつくってみよう！　とみずから思い立って、実行したそうだ。便りには、由樹子さんがつくった二種類の弁当の写真もある。

ひとつは「からあげ弁当」、もうひとつは「牛肉のナムル弁当」。玄米のご飯に、野菜のおかず、小さな器に食後の巨峰もある。写真は、弁当を開いたお父さんが、思わずぱちりと写したものかもしれない。その顔は、もうもうくしゃくしゃになっていたのにちがいない。

由樹子さんは、日頃お弁当をつくるお母さんの様子を見ていて（そして中学では、自分もお母さんのお弁当を食べている）、弁当づくりへのあこがれを抱くようになったのだと思う。お母さんは、そんなことは期待せずにつくりつづけてきただろうけれど、由樹子さんの弁当づくりという思いがけない褒美に、これまた顔はくしゃくしゃだったろう。

このたのしい便りは、わたしが日頃信じている、「子どもは、身近な大人のすることをじっと見ている」というのが、まちがっていなかったことを証明してみせてくれた。ありがとう。

食べることを大切にしてもらいたい。手仕事を好きになってもらいたい。そんな思いは、ことばだけでは伝えられない。もっとも力強く（そしてさりげなく）伝えるのは、そのことの値打ちを信じて実践している姿だ。

夏休みのあいだ、家のしごとをした子どもたちは、その不思議な達成感を知っただろうか。お父さんやお母さん、あるいはきょうだいの弁当をつくった子ども。ある日の食卓をひとりで用意した子ども。ぬか漬け当番を買って出た子ども。買いものを手伝った子ども。お膳立てや後片づけをつづけた子ども……。たとえささやかでも、みずから家のしごとをしてみたことを、讃えたい。

そして大人は、胸におさめなおしておかなければ。

子どもは、身近な大人のすることをじっと見ている。見ていて、いつか(いつかはわからないけれど)それをみずからしてみようという存在だということを。

2012・9・4

ちくちく

きょうは日曜日。

夏から忙しい日々がつづいていた長女が、久しぶりに居間でくつろいでいる。その手もとには絵本のようなものがひろげてある。

ちらっと覗くと、挿絵に見えたのは、小鳥や花の模様のよだれかけ（いまは、スタイと呼ぶらしい）の写真だった。どうやら、赤ちゃんが使う小物のつくり方が載っている手芸の本のようだ。

「これ、かわいい……」「つくれるかなあ」などと、長女はぶつぶつつぶやいている。

ちくちく何か縫おうとしているのだろうか。

用心用心。このひとがいきなり手芸をはじめると、だんだん雲行きが怪しくなり（設定するハードルが高過ぎるのがいけない）、とばっちりを受けることがあるからだ。

「お母さーん」と呼ばれる。

ほらきた。

「あ、いま、手伝えません」と答える。

「なんにも云ってないでしょうが、まだ」と長女が云う。


口幅《くちはば》ったいようだけれど、わたしは、子どもたちがそれぞれ、好きなように生きていってほしいと希《ねが》っている。行く道の選択のはなしである。これはときどき口に出して伝えているが、口にしたことのない希いが、もうひとつある。

他人のしあわせをよろこぶことのできるひとになってほしいという希いだ。

たとえば。長女のまわりには、現在、結婚と出産が波のように寄せている。月に二度も結婚披露宴に招かれたり、二次会の世話役を引き受けたり、そうかと思うと、神妙な顔をして「生まれたあ」と安堵のため息をついたり。

友だちのもとによろこびごとが寄せるたびに、長女はうれしそうにしている。よろこびごとが、自分自身のもとには寄せてこないことなどものともせず。そのことを、わたしは密かによろこんでいる。

お母さんになった友だちと、赤ちゃんのために、ちくちく何か縫おうとするのを眺めるだけで、ありがとう、という気持ちになる。

そうしてわたしは、思うのだ。ひとのしあわせをよろこぶということもまた、練習してできるようになってゆく一面をもっている、と。少なくとも、そう希っていなければ、妬《ねた》みにからめとられたりしないともかぎらない、と。

さて、「ちくちく」（にぎにぎを縫うそうだ）につきあうかわりに、今晩は長女の好物のけんちん汁をつくろうと思う。そして、明日の弁当は三色ご飯だ。

2011・11・22

いい日にしてね

「行ってらっしゃい。気をつけてね」

これは、わたしの見送りの台詞。何十年にもわたって、こう唱え、家人たちを玄関で見送ってきた。最近は、同じ台詞で、わたし自身が見送られることもふえたけれど。

「気をつけてね」と云わずにはおられようか。この世は用心しなけりゃならない事ごとでいっぱいだ。

何にもぶつからずに目的地に行き、帰ってくる。これだけで、どれほどの注意深さがいるだろうか。おもてで誰のことも傷つけずに過ごして帰ってくる。そこにどれほどの思い深さが必要だろうか。だからつい、「気をつけてね」と念を押してしまうのだ。

ある朝。

いつものとおり、同じ台詞で娘のひとりを見送ったとき、こちんと何かがひっかかった。ほかでもない「気をつけてね」にひっかかっている。

「気をつけてね」という気持ちを一旦胸のなかに納めてみる。そして、かわりにかけることばを考える。「思いきりたのしんで」とか？「思う存分ね」とか？

結局わたしは、「いい日にしてね」ということばを使って見送りをするようになっている。

いい日とは、これまでよりもう一歩踏みだして、この世界の未来を守ろう！という意味合いの合言葉。

行っていらっしゃい。いい日にしてくださいね。

2015・7・27

8

本日休業

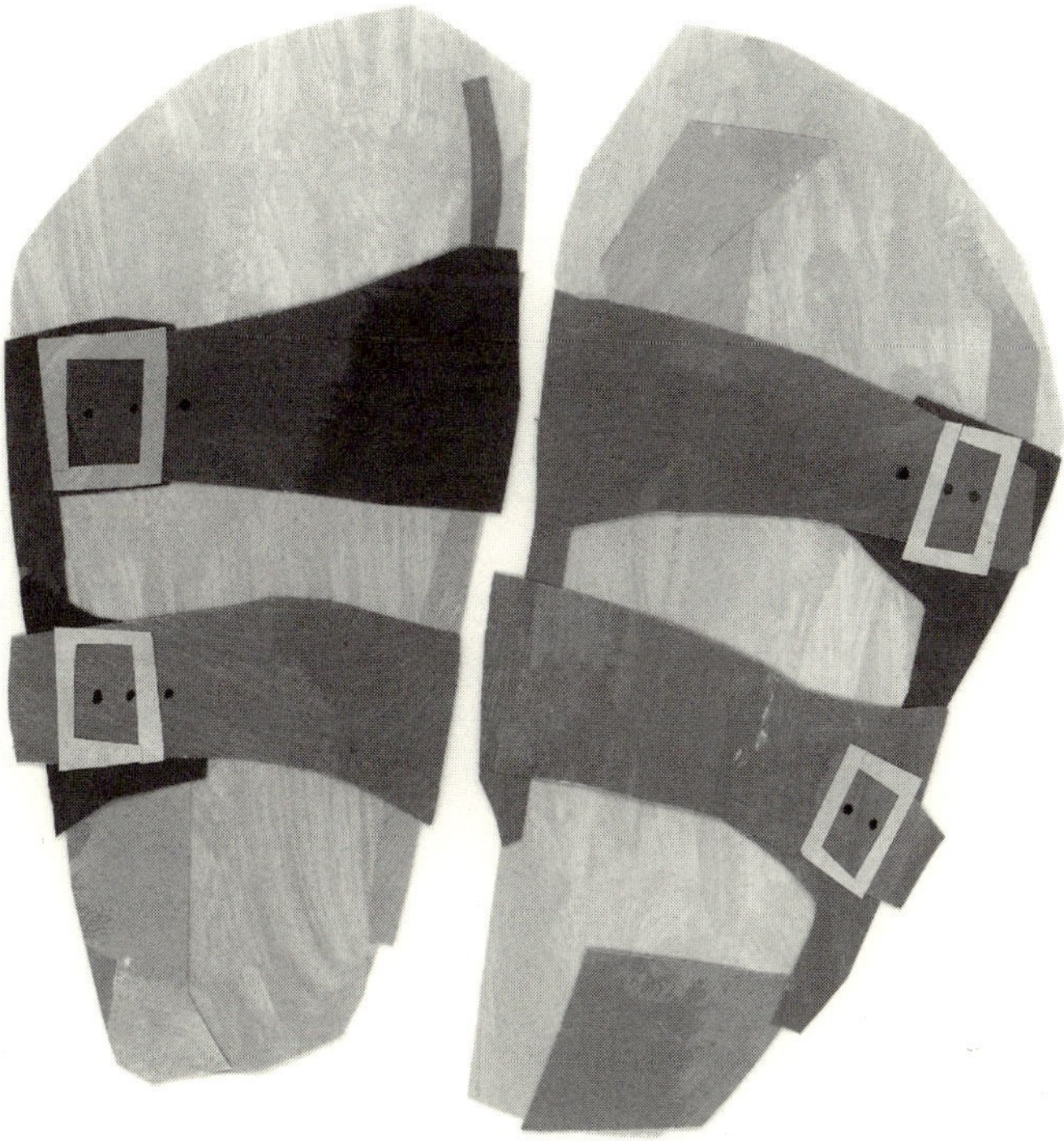

ぐわんぐわん

ぐわんぐわんと揺れている。揺れているのは、まわり？　それともわたし自身か。

朝方起き上がって白湯《さゆ》を飲もうとしたときの揺れだった。よろめいて戸棚のへりに手をついたとき、いちばんに疑ったのは地震だ。

が、まもなくみずからの目眩《めまい》だとわかった。わたしが、ぐわんぐわんと揺れている。

うろたえた。

あまりに大きな揺れに対して。そして、その日の大事な予定に対して。

そのうち、だんだん気持ちがわるくなってきたが、横になっていればしのげる。ただ、起き上がろうとすると長くは立っていられず、立ったり横になったり……をくり返している。

これはだめだな、きょうは寝ていなければ、だめなんだな。片足ズボンにつっこんだまま倒れた姿で、それを悟った。

月に二度持っている「エッセイを書いてみよう」という講座と、二件の打ち合わせを破棄する辛さ。その日会うはずだったひとたちの顔が（なかには、初めてお目にかかることになっているひともあったが）、ひとりずつ浮かんだ。すまないと思いながらも、一方で目眩を起こして寝ているしかないという事態が持つ意味を受けとめたい気持ちが、湧いている。

同時に、ぐわんぐわんと揺れてうろたえる自分が思われる。久しぶりにうろたえた……と思っているのである。

思えば、困ったことなど茶飯事だ。わたしのように、おっちょこちょいの粗忽者《そこつもの》は、ことさら困った事態を招くのだし。

ところが、困ってもうろたえたりしない。平静をよそおって、何事もなかったふうをきどるのだ。気がつかないふりをして、やり過ごすという目論《もくろ》みもある。

四時間ほどして、目眩があらかたおさまった頭で、うろたえることができた自分を思い返している、じんわりと。

久しぶりに正面切ってうろたえてみて、うろたえた効能のようなものが見えてきた。

このたび、まっすぐにうろたえることではじめて、解決への道を歩きはじめることのできる実感があった。

ぐわんぐわんのその日は一日布団のなかにいて、翌朝、そろりそろりと病院に歩いてゆく。医師の診断は、「過労」。

血圧も高くなっているから「一週間安静に」と云われる。

過労と云われるほどの働きはしていないような気がするけれど、うやうやしくそのことばを受けとり、家の者たちに報告。「診断は、過労」と。

「え？　ハロー？」長女が云う。

2012・9・25

カロー体質

先達《せんだつ》てのことだ。朝、とつぜん目眩におそわれ、一日じゅう布団の上にいた。翌日はもう何ともなかったが、前の日の朝の目眩の、ぐわんぐわんという感覚が気になって、てくてく病院へ。そこで医師から「過労」ということばとともに一週間の安静を申し渡された。

その夜、長女に「過労だって」とちょっと自慢げに告げたら、「え？　カロー？」と、英語のハロー（hello／halo／harrow）！　の発音で聞き返される。自分が過労のどこらあたりを自慢したかったのかわからなくなり、恥ずかしくもなって、「カロー！」という挨拶みたいなことばを笑う。

一週間が過ぎた。そのあいだも、長女はわたしと顔を合わせるなり、「カロー！」と片手を上げて云うのだった。

……まったく。

その長女が夜、こう云うのである。「お母さんは、カロー体質だね」

「カロー体質?」

「一週間安静というのを、お母さんがどう受けとめて、どう過ごすか観察して……、それがわかった」と云う。そうして、書きつけでも読み上げるような調子で、つづける。

「毎日、ごはんをつくりました。昨日はパンも焼いてたよね。土曜日は家じゅうの鉢植えの土を替えました。日曜日は自分の部屋の片づけをしました。月曜日と火曜日は、はがき書き。投函したとき数えたけど、全部で一九枚。DVDで映画を四本観ました。毎日の(原稿の)締切も守ったのでしょう? さて、これが安静といえるでしょうか」

わたしにしたら、ふんわりとした一週間だった。床にはつかなかったが、家のことも仕事も、やりたいようにしたのだし。疲れは、身を横たえたり、昼寝だけではとれないと経験上、知ってもいる。

観察していてわかったことは……、と前置きをして、長女が判決を下す。

「安静にすると云っても、なまけると云っても、結局お母さんは休む気ゼロね。それに『省エネ機能』みたいなのがついていない」

云われてみると、その通りだ。わたしはカロー(過労)体質かもしれない。で、これからどうする。もう若くはなく、少しは自分を労《いたわ》らないといけない年代になっているというのに。

ええと。毎日血圧を測ること。それから……、何をどうあらためたらいいかという問題は、そう簡単ではない。ゆっくり考えなくては。まずは台所へ行って、八宝菜をこしらえながら。

2012・10・2

くたびれた日

おお、くたびれた。

外での仕事を終えた帰り道、自分がへとへとになっていることに気がついて、そろりそろりと歩き、やっとのことで家にたどりついた。まあ、そんな日もある。

そうは思ったけれど、似たような仕事、あるいはさらなる大仕事に取り組んでも、さほど疲労感を持たない日もある。くたびれ、疲労の構造とは何だろうか。

くたびれたり、そこから立ち直ったりをくり返してきたはずなのに、みずからの疲労、もっと云えば心身の扱いがわからない。そこへ加齢による疲労回復の遅れも重なって、ますますこんがらかっている。

「おお、くたびれた」のその日、わたしは帰宅するなり寝台の上に寝そべった。疲労感が足の裏から……手の指の先から……しゅーっと抜けてゆくところを想像した。十五分ほどまどろんだようだ。

起き上がったとき、からだはぼんやりしていたが、晩ごはんの準備にとりかかる気力がもどっていた。疲労感のうちの気疲れが抜けていたのかもしれない。手当たり次第にいらぬ気を遣い、それが露顕《ろけん》しないようにもうひとつ気を遣う。これがわたしの癖なのだなあ。これは、わたしのめんどうなところであり、いいところでもあるだろう。

からだは魂を守り、魂のほうでもからだを頼りにしている。きょうは、早く寝ます。

2014・10・20

大人だって

「からだが重いって云った？　だいじょうぶ、気のせいよ。起きだしてしまえば、調子が出てくるわよ」

今朝はこんなことを云っていた。目が覚めた自分に自分で声をかけている。

近年、ひとりごとが多くなった。長々と云って聞かせるようにぶつぶつと。

ふと自信がなくなってくるようなときにも、「きっとうまくゆくよ。弱気になるといいことないと思うけどね」とやる。

若い日には、まわりから「しっかりね」と励ましてもらったり、「手伝いましょうか？」と声をかけてもらったりしたのが、このごろとんと云われなくなった。経験を積んだ大人という前提でことはすすんでゆく。

子どもでもないし、若くないのなんかわかっている。でも！　とわたしは叫びたい。

大人だって不安を抱えているのだし、しくじりだってするのだ、と。

　そうであっても励ましてもらえないというのなら、仕方がない。自分で自分を励まそう。おそらくこのあたりからひとりごとが湧いて出るのだ。

「あー、出かけたくない。こんな日はうちにいたいー」と、わたし。

「こんな日ってどんな日よ。出かけるのに決まってるでしょ、ほら、もう準備にかからないと。ワンピース、クリーニングに出しといたからさ、着てごらんなさいよ。わるくないと思うなー」と、わたし。

2015・12・21

そんな場合じゃない？

「そんな（ことをしている）場合じゃない」

最近の口癖だ。気がつくとみずからに向かって、そう告げている。

秋の山道を歩きたい……。あの映画、まだ公開しているだろうか……。いじめ、児童虐待、ストーカーの問題についての本を読みたい。

胸にそんな考えが宿るたび、「そんな場合じゃない」とつぶやいてあきらめる。したいこと、しようとすることをこうして片端からあきらめる。

そんな場合じゃないって、それならいったいどんな場合なのか。仕事。家事。週一度ひとり暮らしの母のもとを訪ねる。これが現在のわたしのおおよその時間割だ。どうやらわたしは、皿まわしの曲芸よろしく、こちらをまわし、あちらをまわし、そちらを……という気分になっていたようだ。皿の数も種類も、そうたくさんあるでなし、度量の狭いこと。

世の中がどんどん狭量に傾いてゆくのが、我慢ならない。こころ狭き事態に遭遇するたび、口のなかでそっと云う。

「うるせぃ」

が、いつしかそんなわたし自身が、狭量方面に流されていた。恥ずかしい。

「そんな場合じゃない」などと制動をかけたりせず、のびのびとゆきたい。決めた。つぎの休み、久しぶりに近場の山を歩いてこよう。そして、狭まった胸を広げ、ヤッホー！　と叫ぶのだ。

2014・9・29

本日休業

国民健康保険の受診記録を見て、昨年一度も病院にかからなかったことを知る。ああ、一年健康でいられたんだと、あらためて気がついたというわけだった。

昨年、わたしは意識して月二回、「休業」の看板を掲げるようにした。もしかしたら、そのことが健康につながったかもしれぬ。

人さまから気ままな一匹狼のように思われがちな自由業ではあるけれど、この仕事、つい休み損なうという定めを背負っている。締切を守るというのは、この仕事の宿命だから、そこへ向かって意地を張りつづけることとなる。

この職業のほかに教育委員の役目と家事があるから、気をつけないとくたびれ果てるし、気分も変わらない。それで昨年、「本日休業」の看板を意識のなかに掲げるようにしたのだった。

休業の日は、家事も最低限。携帯電話にもさわらないし、電話が鳴っても出ない、メールも見ない。そうして気が向けば長めの散歩をしたり、読書とうたた寝をくり返したり。とにかくのんびりする。

これが存外に気持ちのよい習慣となり、つくづく思うのは、「本日休業」の構えは誰にとっても必要だということ。

わたしがもう少し年とって仕事がちょっぴりになっても、「本日休業。世間のこと一切を休みます」と宣言し、きっぱり自分を休ませてやるつもりだ。

2016・2・22

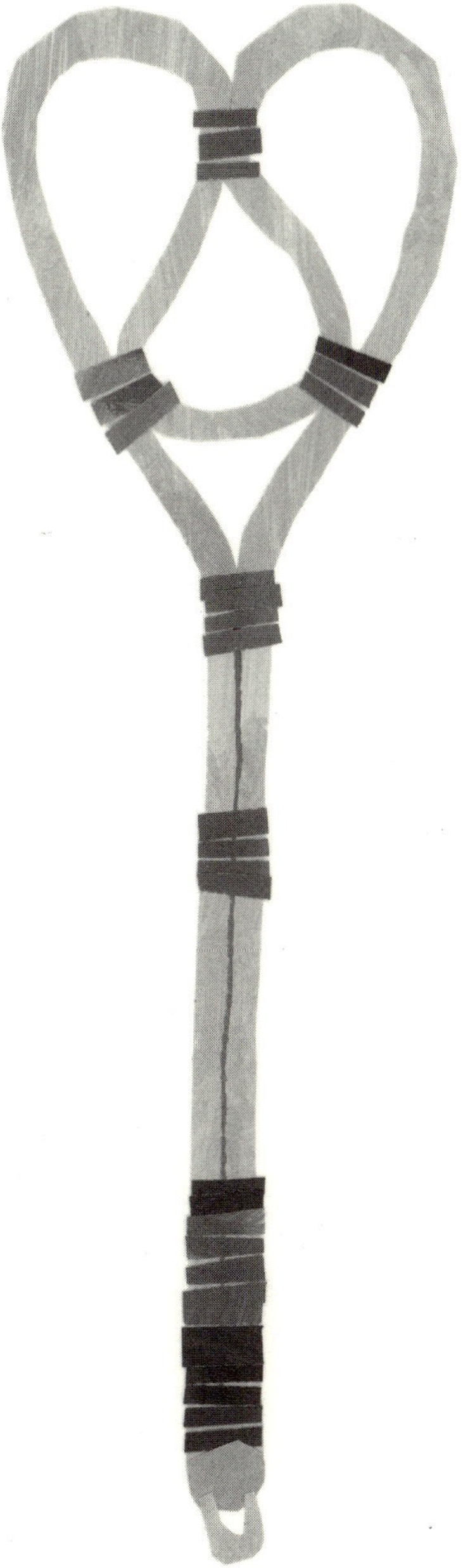

9

友人

ノゾミさんとサン

夕方、急ぎ足で家にもどった。一旦外に出ると家を思うことなどないのだが、用事がすむと一目散に帰りたくなる。帰巣《きそう》本能なのだろうか。

さてその日、急ぎ足で家にたどり着いたとき、近所に住む友人が歩いてくるのが見えた。ノゾミさんとサンだった。一瞬のうちに、帰巣本能もあたまに描いた晩ごはんの仕度の手順も、吹っ飛んだ。

「散歩、一緒に行っていいー?」

気がつくとわたしは、そう叫んでいた。

ふたりと一匹の散歩である。サンはベルジアン・シェパード(雌)。初めて散歩につきあわせてもらったのは昨年のことだったが、いっぺんでサンが好きになった。ことばは通じないけれど、こころのなかでしきりに呼びかける。

「サン、あのね」「おしえて、サン」

散歩の犬同士がすれちがう。サンは大型だが、自分より小さな犬に対して居丈高《いたけだか》になることもなく、まとわりつかれてもそっと身をかわす。ノゾミさんとサンはリード（引き綱）を通して、行き先を相談しながら決めているのかな。そんなふうに見える。長年犬と暮らすことを選んできた友人を、敬《うやま》いたいようだ。

この日、一時間ほど歩いて家に帰る。ああ、また少し犬（サン）に近づけた。どうやら、一緒に歩いてみて気がついた。こころを寄せると、はじめて存在の本質に近づけるということであるらしい。

2014・11・17

順ちゃん

ある暑い日の夕方、わたしは袖無しのブラウスに膝丈のステテコ（生前父に贈ったものであります）という拵《しつら》えで原稿を書いていた。あたまにはバンダナを結んで、こんな姿をひとに見られたら、困っちゃうなーと思っていたのだった。

玄関の呼び鈴《りん》が鳴る。（ああ、困っちゃうなー）。扉を開けると、順ちゃんが立っていた。

かつて、小さなマンションの二階に順ちゃん一家、その下にわたしたちが住んでいた。ただただ上下に暮らすお互いだった。が、順ちゃんとわたしはかけがえのない隣人であった。二階の男子二人、階下の女子三人は育ち盛りでみんな活発過ぎるほど活発だったが、それを愉快な気配として暮らしていた。あるとき、二階があまりにも静かなのでおかしいと思ったら、順ちゃんと子どもたちがそろってインフルエンザで寝こんでいた！　ということもあったなあ。

夫君の転勤で鹿児島に越すと告げられたとき、わたしはいきなり号泣した。暮らしの風景が変わる、と思っただけで泣けた。

「あれから十年たったのよ」

と目の前の順ちゃんは云った。法事で上京したその日、住所を頼りに訪ね当ててくれたのだ。三十分余、テーブルをはさんで、おしゃべりができた。鹿児島と東京に離れていても、順ちゃんとわたしはかけがえのない隣人であった。

2015・9・7

ふんちゃん

元旦のことだ。

いただいた年賀状の一枚に、こんなメッセージをみつけた。

「ことしは、ふみこさんのことを、自然な調子で『ふんちゃん』と呼べるようになったらうれしいなあと思っています」

書いてくれたのは、出会ってからじきに三年がたとうという友人。かなり親しくなったつもりだが、思えば互いにあだ名で呼びあったりはせず、何というか、そう、折り目正しく向きあってきた。

わたしのあだ名が「ふんちゃん」（「ふんこ」と呼ぶ古い友人もある。ほかには、ちゃん無しの「ふん」というのもある）であるというのをどこかで知って、そう呼んでみたくなったという友だちの気持ち。くすぐったくもうれしく受けとめる。

呼び名というのはおもしろい。そして、おもしろさのなかに、機微《きび》のようなものを隠してもいる。

呼ぶ者と呼ばれる者（あるいはモノ）とがあり、両者のあいだには、兆《きざ》しがある。名を知らぬ者同士にも、兆しはあり、起こることはあるけれど、名を知る者同士には、もっと起こる。

思いだした名前を胸のなかにとどめず、口にしてみることを思いついたのは、ごく近年のことだ。ふと浮かんだなつかしいひと、大好きな友だち、尊敬してやまぬ先輩たちの名前である。口に出して、「〇〇さん」だの、「□□せんせい」と呼ぶと、名の主への思いがしゅるしゅると飛んでゆくような気がする。気がするだけで相当にたのしいのだが、このはなしはここで終わりではない。

どうやら思いは、ほんとうにしゅるしゅるとゆき、相手のもとに届くものらしい。先達て名を呼んだばかりの相手から、風のたよりや、郵便が届いた。そのあたたかい不思議においにによろこび、わたしは、ますます呼ぶのである。

年のはじめには、いただいた年賀状を一枚一枚見てゆきながら、名前を声に出して読んだ。

すると、「やあやあ、年が明けましたね。おめでとうございます」「いい年にしたいですね」と直接会って挨拶を交わす心持ちになる（嘘だと思ったら、ぜひお試しを）。
さて。わたしをふんちゃんと呼ぼうとする友人は、どんなタイミングで呼んでくれるだろうか。かの友人に気に入りのあだ名があれば、それをおそわって、わたしが先に呼んでしまおうか。

2013・1・8

うつろい

何につけても「うつろい」というのを、はかないものとしてとらえていた。うつろい即ち寂しいもの、と。ところが、ふと気がつくとそれを味方につけるようになっている。不思議だ。

季節のうつろい。時のうつろい。辞書は、色が衰える、盛りを過ぎる、という意味もおしえる。

もう八年近くも前のことになる。ある友人とのあいだに距離ができた。遠のいたと思ったときにはすでに交際が途切れていた。諍《いさか》いはなかったが、わたしのなかに芽生えた、当時の友人の選択に対する「わけのわからなさ」が原因だった。

距離をつくったものの、わたしのなかの友人に対する「わけのわからなさ」は、だんだん溶けていった。自分が率直に問うてみればよかった……という考えも持つようになった。わからないことをわからないままにしておくのは、わたしのわるい癖だ。何もかもわからないのではない。相手が、それは云いたくないと思っている気持ちはわかるつもりだ。しかしあのときは、「どうしてそういう選択をするのか」と、そっと尋ねてみてもよかった。

そんなふうに省みられるようになったこの夏、とつぜん、かの友人から手紙をもらった。「会いたい」と書いてあった。

わたしを学ばせてくれただけでなく、うつろいは友人との再会という贈りものまで……。

2013・9・23

シマヘビ

春の畑。若いみどりがぐんぐんのびている。葉の色がやわらかく光っているが、土は乾いている。それは土というより、砂の色だ。今春、極端に雨の少なかったこの地は湿り気をもとめて泣いている。

みどりと砂色の対比を眺めていたら、目の端で細長いものがチロリと動いた。

あ、へび。

このことは、ときどきひどく驚かれるので、おそるおそる告げよう。わたしは、へびが好き。野や山でへびに出合うと、その幸運にこころがはずむ。それはたとえば、四葉のクローバーをみつけたときと同種のものだが、四葉三茎分にも値する。

「若いへびさん」と独りごち、わたしはそっと忍び寄る。ヤマカガシだろうか、アオダイショウだろうかと思って覗くと、レタスの若芽のあいだを這っているのは、どうやらシマヘビのようだ。うつくしいへび。

シマヘビもまた、地面の乾きにおののいているのかもしれない。それで、思わず畑に出てきたのか。

「待っていれば、きっと雨は降るよ」

シマヘビはそれには応えず、驚く速さで身をくねらせて、繁みのなかに見えなくなった。

この日、わたしは埼玉県熊谷市の夫の実家で、稲の種籾《たねもみ》まきの準備を手伝っていた。苗床用の浅い箱に土を敷き詰める仕事。ことしは、夫と長女とわたしの三人で苗箱一〇〇個に土入れをした。

シマヘビに出合ったり土入れしたり。何というしあわせかしら。夜から雨。

2015・5・17

古くて新しい

白湯と書いて、さゆ。

なんとうつくしいことばだろうか。これはそのまま、日本語のうつくしさだ。

白湯というのが、ことばのうつくしさだけでないことを知った。このひと月、朝一杯、夜やすむ前に一杯飲むようにしている。昼間も、仕事の手をとめて伸びをしたあとにちょっと飲んだり、魔法瓶と目が合ったときにも飲んだり。

きっかけは、最近、中国の薬膳料理の勉強をはじめた友人への問いだった。

「ひとつ、からだにいいことをおしえて」

そのときの友人の答えが「白湯」だったのである。

「さゆ？　白い湯と書く、ただのお湯？」と云うのなんかは、ものを知る前の可笑《おか》しさである。

友人のおしえてくれたところによると、白湯は毒素を洗い流すはたらき、体内（脳や内臓）の滞《とどこお》りを予防するはたらきをする。どうしてそうなるかは訊き損ねてしまったけれど、以前から存在を知っていたひと（白湯）を、初めて友人として紹介してもらったような気がした。

ひと月がたった。

あいかわらず元気でいることのほか、ひとついいことがあった。

それは酒量が減ったことだ。

仕事を終え、家のしごとに移る夕方（午後五時を目標にしている）、あたまなのか気持ちなのかを切り替えるのに、ウィスキーを飲む。ショットグラスに一杯。

長年、これが切り替えの合図のようになっていたのだが、その延長で夜もだらだら飲んだり、飲み過ぎて眠くなったり、ときどき困ることが起きていた。

この切り替えを、白湯にたのんでみたのである。ウィスキーと白湯のちがいは一目瞭然。わたし自身も、まさかとって代わるなどとは考えていなかった。

ところが。いきなりとって代わってしまった。白湯はすごい。ゆっくりからだに沁《し》みてゆく。そして、おいしい。

湯のみを両手で包むように持ち、少しずつ飲んでいると、えも云われぬ安心感がひろがる。

今朝も、朝いちばんに白湯を飲み、しみじみした。朝の早《は》よからしみじみ、というのも不思議なようだけれども、これがなかなかいい。

一日のうちのいつでも、白湯を飲もうとするときには、こころもしみじみ落ちつきたがっているときなのかもしれない。

2012・9・11

10

老いる

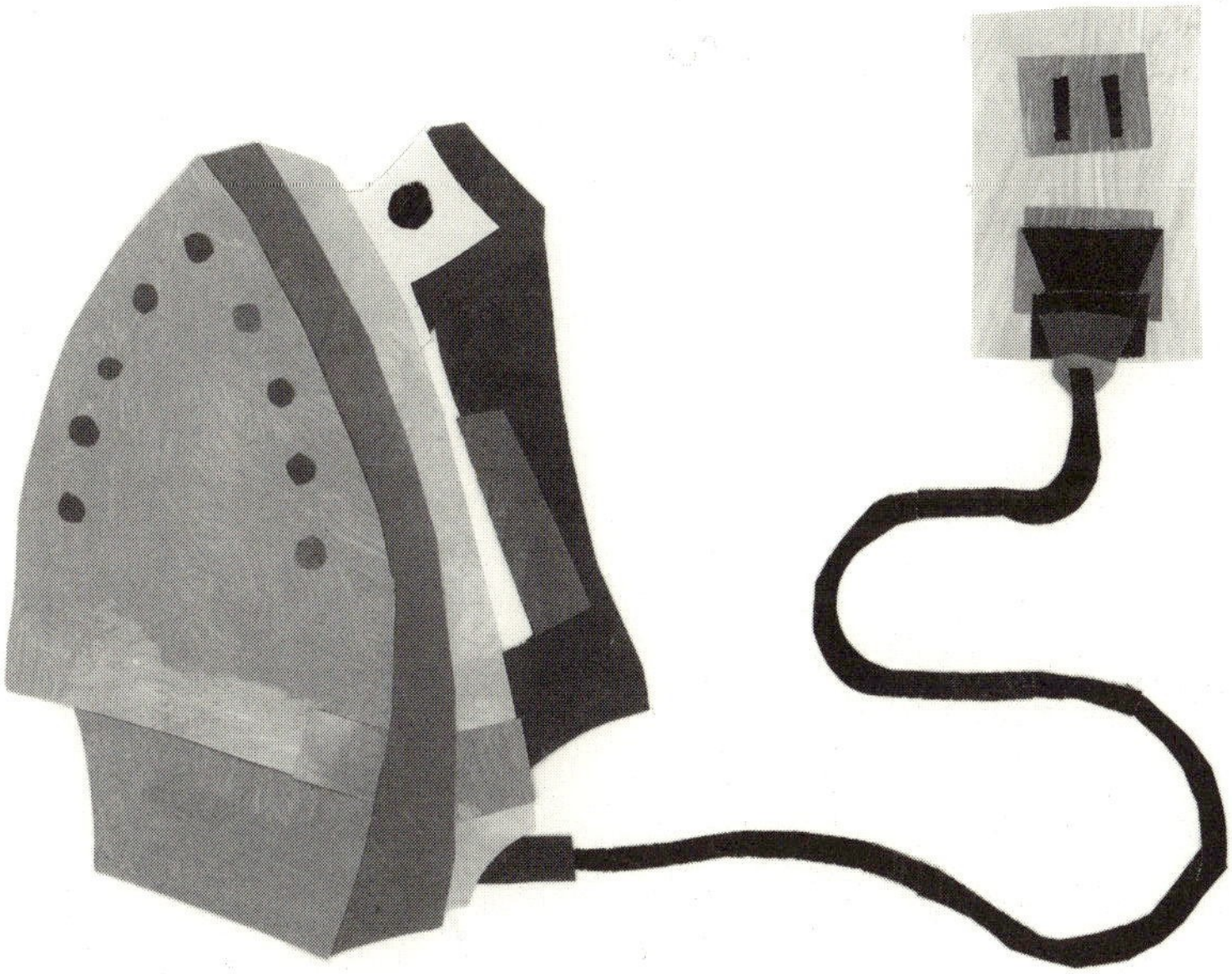

ちがうわたし

じき七十歳になろうという友人が、ふと、ほんとうにふと、「わたし、ちがうわたしになったと感じるの」と云った。

どういうことだろう。どこか具合がわるいのだろうか。気になって「ちがうわたしって……」と訊こうとしたところに、いまひとりの友人が、「わかるわ、それ。わたしもね、八十歳になった途端、ちがったのよ」と話す声が重なった。八十歳の彼女は、最近家で転倒して足を傷めたり、これまで難なくしてきたことが手間取るようになったりして、ショックを受けていると云う。

親しい年上の友人が、ちがうちがうと話すあいだに挟《はさ》まれて、わたしは圧倒されている。

友人ふたりは、加齢によるからだの変化について語っているのだが、その一方で、それぞれがあたらしい境地にすすんでいることを醸《かも》している。ふたりの体調への心配と、ふたりの進化のようなものへのまぶしさにも挟まれ、わたしは圧倒されてただただとなる。

わたしたちは誰も、一日として、いやほんとうは一秒として同じところに留まらない存在だ。きょう、ここでこうしているわたしは、明日の朝、またちがうわたしになる。どこがどんなふうにちがうのか？　と尋ねられても困るけれども。

うつろってゆくわたしたち、うつろう人生。うつろうことの価値について考えている。

2015・2・23

あっぱれ

わたしが「死」の至福性を見られるようになったのは、父の影響かもしれない。

その父が逝った。

好きな餃子を食べ、老酒《ラオチユウ》を飲んで、そのまま旅立った。とつぜんのことで、母も孫も驚いた。驚いたが、あまりに潔く逝ったので、残されたわたしたちの胸のなかに「あっぱれ!」という思いが生まれた。

その日から一週間がたち、わたしは自分が変化してゆくのに気がついた。それは少しずつ変わってゆくというようなだらかなものでなく、目の前にひろがる湖に飛びこみ、抜手《ぬきて》を切って対岸に向かうというほどの変化だった。悲しみなどはなく、わたしはぐんぐん泳いでいる。比喩である。

父の逝き方は「あっぱれ!」だったが、わたしのほうは「しまった!」だった。自分の至らなさが思われ、こうすればよかった、という後悔の念があとからあとから湧いたのだ。しかしこの世とあの世に隔てられるや、なぜだろう、父との距離が縮まり、後悔の念すら父とのよすがになるような気がしてきた。これが変化だった。

さて、残された母だが、わたしはとてもひとりではやってゆけまいと決めつけていた。しかし、母はこれからの日々をたのしんでみたいと宣言した。そういう母をこちらもたのしみつつ助けたいと考えるようになったことが、わたしのもうひとつの大きな変化だ。

2014・3・31

最初が肝心

父が亡くなり、ひとり暮らしになったばかりの母のもとを、いま、一週間に二度訪ねている。自転車でびゅんと片道三十分。

弟のお嫁のしげちゃんも自転車と電車を使って訪ねてくれる。わたしたちはふたりともつい母を甘やかしたくなってしまうので、「手を出し過ぎないようにしよう」と戒め合っている。

手を出し過ぎる、つまり過保護だが、これに陥らないことの重要性を、わたしは七十代の友人たちからおそわった。

「過保護はだめ！　できることは自分でしてもらうこと！」と威勢のいいアドバイスを受けたときには、軽い衝撃を受けた。最初だけでも、できる手助けはすっかりしよう、と考えていたからだ。

ところが友人たちは「母のとき（父のとき）そう考えて手を出したのよ。でも、結局、持てる能力を奪ってしまうことにほかならなかった……」と語る、語る。

最初が肝心！　ということでもあるらしい。

後日、実家で半日仕事をしていたときのことだ。気がつくと、同じ部屋のソファに横たわり、母が一時間半ほども静かな寝息をたてていた。やわらかい日射しのなかの午睡《ごすい》だった。

ひとりでしにくくなったのは、案外、午睡のようなことなのかもしれない。ただそばにいるだけで、母が安心してまどろめたのなら、わたしの役目はこれだ。

2014・4・7

自分でできます

ある会合でのことだ。その女《ひと》の肩とわたしの肩が触れたのが縁で、ことばを交わした。

「八十歳という橋を渡って三年がたちました」と、そのひとは云う。

知った顔をみつけるとそのひとは立ち上がり、杖をついて歩み寄り、談笑してまたもどってくる。座席と座席のあいだの細い通路を移動しようとするたび、会場係のスーツの若者が飛んできて手を貸そうとする。

「ありがとう。でも、お手伝いはいりません」と、そのひとは云う。


少し前のわたしなら、手を貸しただろう。押しつけがましいほどに。けれど、いまのわたしはかつてのわたしではない。

父の死後、生まれて初めてひとり暮らしをする母の様子に、わたしは学んでいる。ひとりになった当初はぼんやりしていたが、二カ月半という時間を経た母は、強化した。

できるだけ気楽に暮らし、自分でできることは自分でする、という意志を持っている。

弟のお嫁のしげちゃんもわたしも、最近ときどき、母に「自分でできます」とやられる。

「洗面所に行ってまいります。鞄《かばん》の番をお願いしてもいいかしら」とそのひとは云う。

「はい、たしかに」とわたしは応える。

こういう瞬間だ。人生はどこまでもおもしろく、肯定するに値するものだとおしえられるのは。

2014・6・16

新聞の日付

母の家（ことし三月に父が逝ったあと、実家を「母の家」と呼んでいる自分に気がついた）に行く。台所の小さな卓の上に、毎日新聞が置いてあった。

ふと見た一面「毎日新聞」の題字下の日付が、ペンでまるく囲ってある。何の合図だろうか。

そうか、母はいま、新聞の日付に印をつけることで、その日を確かめているのだ。八十五歳にして初めてのひとり暮らしになった母の、一日一日との向き合い方を思ってしみじみする。

ひとり暮らしのお母さま（八十九歳）を見守る友人に早速このはなしをする。「新聞の役割は大きいわね。うちの母も同じよ」と彼女は云い、いろいろの体験談を聞かせてくれた。

ある日、友人はお母さまが「ありがとう」ばかり云っているのに気がついた。誰かに助けてもらうたび、「ありがとう」「ありがとう」と。「でもね、『ありがとう』は云う一方じゃだめ。云われることもうんと大事だと思うのよ」

どきっとした。もしかしたら……、わたしは、母が「ありがとう」を云われるチャンスを奪っていやしないか。母が誰かのためにしようとしていることに横から手出ししたり、「そんなことしなくていい」と止めたりしたことはなかっただろうか。それから、母が受けとるべき「ありがとう」を伝え損なったことはなかっただろうか。

2014・8・4

静かなこだわり

「私は橋だった。冷たく硬直して深い谷にかかっていた」

という書き出しではじまるカフカの短篇「橋」(『カフカ短篇集』池内紀《いけうちおさむ》編訳)をふと思いだした。橋になった人間、「私」によって語られる短篇の構成法とともに、「橋」という概念がつよくわたしのなかに置かれたものらしい。そうだ、わたしはときどき「橋」を思う。

友人のご母堂の訃報《ふほう》が届く。友人によって語られた、どこまでも明るく生きてこられたご母堂の話、一家の献身的な看病・介護の日々の記憶が、流れこんできた。故人とは目文字《めもじ》のかなわなかったわたしに、そうして哀惜《あいせき》が宿った。

流れこんできたのは、友人の、故人となったご母堂へのつよいこだわりだった。あとから思うと、それが橋の基となるものだったのだが、このときはまだ気がつかなかった。

それればかりか、こだわりということばの、好ましくない面が思われて、たじろいだのである。

好ましくない面とは、思い入れや愛着の意味でとらえようとしても、どうしても迫《せ》りだしてくる束縛《そくばく》の気配だ。

だがこのときは、友人の、故人に対する静かなこだわりが好ましく、うらやましくさえ感じられた。さては……と思う。遺《のこ》されたひとのこだわりを受けとめることこそが葬送なのかしら。

そのときだ。この世とあの世のあいだに、橋はかかった。

2015・4・5

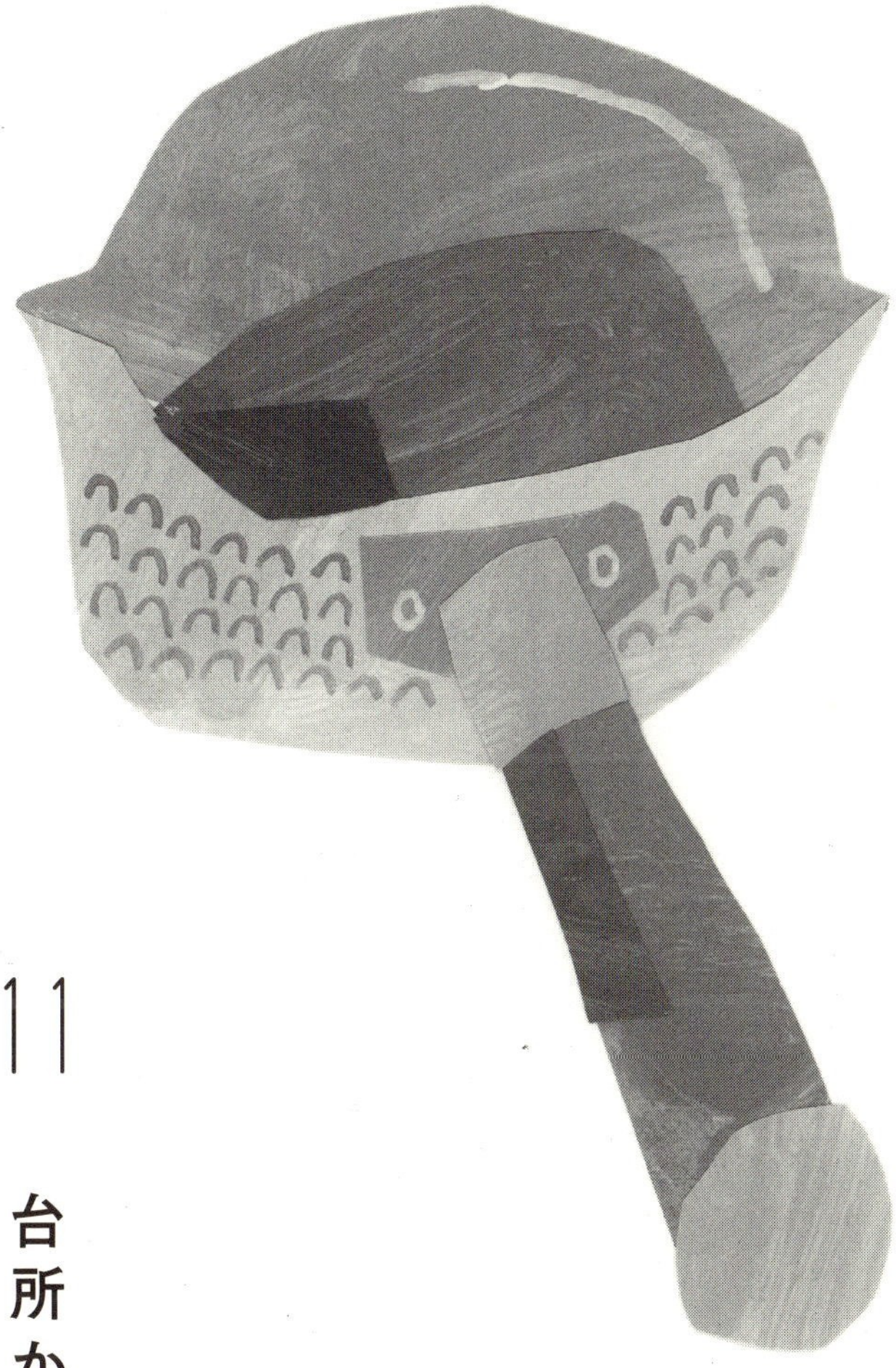

11 台所から想う

「個」をとりもどす

とうとう一年たった。

東日本大震災のあった昨年の三月十一日を思いだそうとすると、あたまの芯のあたりで、じじじじと何かが鳴く。

鳴かせるものは悲しみでもあるが、決意でもある。決意。ときにゆるむことがあっても、はっとわれに返る。

あの日を境に目覚めた価値観が、ゆるみっぱなしを許さないのだと思う。じじじじと鳴いて、警告する。

震災後、絆ということがくり返し云われた。彼《か》の地、そのまた彼の地、そこここで、絆を結んでがんばった。一年たったいま、確認しておきたいのが「個」ではないかと思わされている。共同体、共有に照準が合ったいま、「個」をないがしろにして、そこを掘り下げてゆくのには無理がある。

「個」が確立してはじめて、のびのびと共同体、共有について考えられるはずだからだ。

「個」がないがしろにされるとき、ないがしろにするのは、たいてい自分自身である。

大震災のような事態のなか、ひとはひとまず「個」をそこらに置いて、すすんでゆく。

じかに復興にとり組む現場では、まだまだ「個」を置いたままにしているひとも少なくないだろう。「個」をとりもどすことに、罪悪感などもたないでほしい、とわたしは東京の空の下で希《ねが》っている。


昨年の三月十一日は、あたたかい具だくさんのつゆをこしらえて、そこに蕎麦をつけて食べたなあ。長女も二女も、勤め先からはるばる自転車と徒歩で帰ってきたが、労《いたわ》ることも忘れたなあ。ただ、帰ってきた順に蕎麦を供した。

翌日になって、だんだんに被災地の様子がわかり、わたしは打ちのめされたようになった。見兼ねた長女が、ろうそくの炎のなかで妹たちを手伝わせ、カレーをつくってくれたなあ。やけに辛いカレーだった。

その後しばらく買いものに行かず、乾物や缶詰、長ねぎ(根の部分を、庭の土中に埋めていた)、じゃがいも、玉ねぎなどで食いつないだのだったなあ。

あの日々のなか、料理とは材料を生かしきること、そうすれば少ない材料でもじゅうぶんにおいしいものがつくれるとわかったというわけだ。

先に「あの日を境に目覚めた価値観」と書いたけれども、台所での目覚めも大きかった。

そんなことを思い返しながら、きょうは、餅を焼く網の上に、鮭缶とオイルサーディン（それぞれ缶のふたをあけて）を置いて焼き、おいしく食べた。

希望缶なんてことを想像しながら、おいしく食べた。

2012・3・13

ある日

ある日。

オクラといかの炒めものをする。にんにくも一緒に。オクラとも、ひと夏の逢瀬《おうせ》だ。じゃんじゃん食べよう、と決心する。指のかたちのオクラと指切り。

ある日。

朝は、いちご（猫の名前）のごはんの缶詰で、夕方は、晩ごはんのサラダに加えたツナ缶で、指を切る。どちらも空いた缶詰を洗おうとして。このところ、五缶に一缶の割合で怪我をしている。学習能力の不足を噛み締める。ああ……。

ある日。

台所の西側の窓にかけたカフェカーテンをごしごし洗う。

数時間干し、アイロンを当てて窓辺にもどす。気持ちのいいこと。風が、洗いたてのカーテンを揺らす。

ある日。

玄米ご飯を炊く。長いこと、炊いてみたいと思っていたのだが、実行したのは二女。「びっくり水」をあとから加え（最終的に、白米の倍量の水で炊くことになる）、文化鍋でじっくり炊く。おいしい。

ある日。

長女が起きだしてきて、テレビ体操をはじめる。後方でこっそり、わたしも腕をまわし、屈伸し、背を反らせ、ぴょんぴょん跳ぶ。

まじめにやったら、汗ばんだ。あなどるなかれラジオ体操第一、第二。

ある日。

ルバームのジャムが届く。友人の文子さん作。そろそろだなあと、心待ちにしていたのだ。うれし。グリーンのと、ピンク色のと。ピンク色のはしばらく隠しておく。あまりにもきれいで。

ある日。

肉なしすき焼きをする。日頃のがんばりを讃えるため、肉もちょっと用意しておく。長女と二女は仕事のがんばり。三女は期末試験と部活（ソフトテニス）のがんばり。夫とわたしのがんばりは、焼き豆腐で讃える。

ある日。
なすのカツレツを揚げる。これこそ、夏のごちそうだ。なすの皮をフォークでつきさし、まるのまま小麦粉、溶き卵、パン粉の衣をつけて、揚げる。ソースをかけて……サクッ、トロッとゆく。

こういうのがわたしの日常である。
こんななんでもない日々のなか、頭からはなれないことがある。福島第一原子力発電所の事故によって故郷を追われた人びとが、じつのところ日常などとはまったく思えぬ場で「日常生活」を送っていること。

2012・7・3

ひとを思い、生活を見る

しばらく前から「呑気《のんき》修業」をしている。

誰も彼も、もちろんわたしも、無闇に忙し過ぎるから、ここはひとつ修業するようなつもりで「呑気」にゆきたい、と。

修業は、ときに滞《とどこお》りもしたけれど、心がけていた分わずかながら進んだといえる。わたしのなかに、広場のようなものができたのである。

この小さな広場には、いろいろなものがやってくる。

最初にやってきたのは、沖縄県の普天間基地に新型輸送機オスプレイの配備が決まったというニュース。

とつぜん、沖縄県が背負ってきた基地問題と、いま福島県が背負っている原発事故がだぶって見えた。

自分が広場を持ったことで、決して見過ごしにしてはいけない問題が見えてきたのだ。自分のことだけで忙しくしていたのでは、見えなかっただろう。それを、よかったなどと簡単に云ってはいけないかもしれないけれど、知ること、忘れないこと、考えつづけることが出発点だとすると……、やっぱり、よかった。

さてそれでは。こうした問題を解決するために、わたしに何ができるか。少なくとも、「他県で大変なことが起きているらしい。ともかくがんばって！」という調子の、まるでそれが他人事《ひとごと》であるかのような態度をとらないこと。知らされないことも少なくはないから、みずから知る努力をする癖をつけなければならないだろう。

毎日、台所でのしごとが待っているわたしたちは、ことさらひとを思って、生活を見ることのできるわたしたちだ。

「国益」を真っ先に掲《かか》げたりせずに、守らなければならない未来を感じることのできるはずのわたしたちだ。

思うことがあり、考えることがあり、相対《あい》さなければならぬ不安がありながら、きょうも厨《くりや》しごとが待っている。

晩ごはんは、なすびのカツレツ（cutlet）。なすびの皮をむいてコロモ（小麦粉・溶き卵・パン粉）をつけて揚げる。きゃべつのせん切り、レモン、辛子を添え、ソースをかけて……。ああ、ああ、こんなことがあるから打ちひしがれずにすんでいる。

さくりと音をたてて、なすびのカツレツを味わいながら、ほんとうに呑気なこころで、ほっとしてくつろげる日はやってくるのか、と考えている。

ほら、また他人事のようなことを云っている！　そんな日を希《のぞ》むのもつくるのも、いまを生きるわたしたち、そして、自分自身だ。

2012・8・21

こうやってひとは変化する

鏡の前に立つと、あれれ？　昨年の同じころ気に入りだったTシャツが、どうもしっくりこない。顔の映りがよくない！

無理もないか。ひとは刻一刻と変化するのだもの。Tシャツが似合わなくなるくらいのは、さもない変化だが、すごいのもある。最近、立て続けにすごいのを目の当たりにした。

土曜日の昼下がり、近所の公園を通りかかる。ひとりの女の子が自転車の練習をしていた。もう少しで乗れるようになる。わたしがそう思ったつぎの瞬間、女の子が「乗れるようになりましたー！」と叫んだ。蕾《つぼみ》が開花する瞬間を見る思いだ。遊具の陰からお父さんが駆け寄る。

「こうしているあいだにも、どんどん思いつきが湧いてくるようです」

そう話したのは、小学校の男のせんせいだ。教諭歴十二年の主幹教諭。子どもたちに対する、職場に対する思いが、ひしひしと伝わる。「若手が、計画的に経験を積んでゆけるように、手助けしたい」ということばの前で立ち止まる。ひとが、成長する瞬間を見た。と、わたしは感じた。こうやってひとは変化するのだわ。

気に入りのTシャツが似合わなくなる変化にうろたえていないで、わたしもあたらしい何かに挑戦したり、仕事に打ちこんで、変化を遂《と》げなけりゃ。

2015・9・28

土が握る未来

「土を触るのは十年、いや、二十年ぶり……」

と云いながら○子さんは草むしりをし、移植ごてを使って土を掘り返している。日頃スーツに身を包み、報道の仕事をつづけている○子さん、土まみれだ。茄子の苗を植え、トマトを植え、青じそを……。微笑ましい。

が、じつのところ、○子さんの「土に触るのは二十年ぶり」との発言に、わたしはうろたえている。

行き過ぎた道をもどる。過《あやま》ちから立ち直る。疲れた心身を癒《いや》す。

人生においても、一国の未来においても、こうした事ごとの手がかりは、土が握っているのではないか。と考えているからだ。

この春、友人の石井和彦さん（四十六歳）が十五年ぶりに訪ねてくれた。写真家の彼は、途中「撮れない」時期もあったが、「どうしたら被写体からこんな表情を引きだせるの?」というようないい作品を持っている。

彼はいま、福島県のある里山に通って古い堰《せき》を守る人びとの暮らしを写しとっている。みつめるのは土、水、風、そしてひとだ、と石井さんは云う。

その日は、東京・新宿区の家の近くで撮りつづけてきたという野良猫たちの写真を見せてもらった。アスファルトの上で暮らす猫たち。ファインダーを覗く写真家の心の内が一瞬見えた気がした。このひとは見るべきものを見て、いま、土に向かってゆくのだなあ。

2014・6・30

不調や憂いの値打ち

やっと、わたしのまわりでも桜花《おうか》が咲きはじめた（これを書いている四月初め現在）。

この数年、桜を待つ季節がめぐってくるたび、思いだす感覚がある。

ある春のはじまりのことだ。あたまの上で、とうに桜花が咲きはじめているのに、気づかずにいた。気づかなかったのは……、視線が低かったからだ。こころが憂いにとらえられ、不安にからめとられていて、うつむきながらとぼとぼ歩いていたらしい。ふと、ほんとうにふと目を上げておどろく。思わず、「あ」と声が洩《も》れた。

「あ、桜」

最近嫌われる一方の、不調や憂いの肩をもちたくなっている。そういうときは誰にでもある。これは云うにおよばず。不調や憂いを経験することの値打ちを認めたいと考えている。

もちろん、はりきること（ひと）、前向きさ、活躍がわるいわけはない。その反対の状態がないがしろにされるのが、困る。不調や憂いにとらわれているひとを見守り、そういうときの自分と向きあう気持ちを忘れてしまいかねないからだ。

あの年（五年ほど前のことになる）の、うつむきながらとぼとぼ歩いて、咲きはじめた桜にさえ気づかずにいた自分を思いだそうとすると、なつかしさ慕わしさが胸にひろがる。そういう自分を抱きとめたいような気持ちだ。たしか、しごとでも人間関係でもつまずき、あらゆることを悲観していたのだったなあ。

辛かったけれど、自分と親しくなった。労《いたわ》りもし、許しもし、ひたすら回復を待った。

不調の時期、憂いにからめとられている時期には、小さなものに気持ちが向きやすい。これもひとつ、この時期のいいところだ。そういう時期は、些細《ささい》なことをみつけだす好機である、と云ってもいいくらいだ。

わたしが小さなものと向きあおうというとき。もうもう、決まって、台所へ飛びこむ。これまで幾度も、台所で小さくこまかいしごとをしながら、そこからひろがってゆくものに気づかせてもらった。

小さなおかずをたくさんこしらえて、冷蔵庫に貯えるしごとに、不調や憂いの値打ちをわからせてもらった。

ところで小さなおかずだが、それは、食事のなかの箸休め、ちょっとしたもの、おつまみ、弁当のおかずの一品のようなものである。貯金は下手だが、この貯えは、できる。

2012・4・10

これこそ一大事――おわりに

ときどきわたしは迷子になります。

このあいだは、自分が住む市内で迷子になりかかり、

「ここは、どこですか？」

とやって、通りすがりの紳士にぎょっとされました。

迷子になったなら、「どこそこへ行きたいのですが」とやらなくちゃいけません。ここはどこ？　なんて、聞かれてごらんなさい、驚かれてしまいます。

けれど、紳士はひと呼吸おいて、こう云いました。

「目的地は、どちらですか？」

「〇〇中学なのですけれど」

「ああ、そうしましたらね、この道を行き、二つ目の信号を渡って、またまっすぐしばらく行ってください。最初の四つ角のあたりで、だいぶ目的地に近づきます」

「どうもありがとうございました」

頭を下げて、おしえられた信号に向かって歩きはじめた背中に、紳士から声がかかります。

「信号を渡って、しばらく行った四つ角あたりで、どうかもう一度○○中学の行き方を尋ねてください。念のために」

紳士には、こちらの迷子になりやすい質《たち》が見抜かれていたようです。云われたとおりに四つ角で、学生さんをつかまえて方向を確かめて無事、目的地にたどり着きました。

いちばん古い迷子の記録は、生地である北海道小樽市から東京に移り住んだ四歳のときです。父、母、ひとつちがいの弟と日本橋の百貨店に出かけてゆき、そこで迷子になりました。みずからの記憶には刻まれていませんが、それは父と母の恐怖の記憶となり、いつまでも聞かされることになりました。

「おまえのことだから、ちょろちょろと百貨店の外に出てしまったかもしれない、と思ったんだよ」と、父。

「そして、もう二度と会えないかもしれないと、覚悟したの」と、母。

その後も、何度も迷子になりました。

迷子の才能としか云いようのないはぐれ方で、もうもう恥じ入るばかりです。

母親になってからも迷子になりました。

自分が迷子とは思わず、迷子になった子を探す母のつもりでいたのです。銀座の百貨店でのことでした。

「ふたりのお嬢さんがお母さまのヤマモトフミコさまをお探しです」というアナウンスが流れました。えええっ？　迷子はわたし？

百貨店の事務所で待っていた子どもたちに向かって、「迷子はあなたたちじゃあないの？」と聞きましたら、「迷ったら、迷ったそこで待ってなきゃ。はぐれた六階からエスカレータで一階まで下りてしまったお母さんが、迷子！」

幼いふたりに叱られてしまいました。


人生の道の上でも、似たようなことがたびたび起こりました。

迷子という〈非日常〉に、陥ってばかりいたような。

しかし、わたしにはいつも帰る〈日常〉がありました。

おもてで無茶苦茶な目に遭って、たとえ迷子になったって、へっちゃらです。〈日常〉さえあれば、それがわたしを抱きとめてくれます。

食べもののことをしたり、ものを片づけたり、洗ったり、掃除のようなことをしたり(掃除はどうも不得手で、気弱に……ようなこと、となります)。修繕や模様替えしたり。


今朝、玄関を出ると蜘蛛《くも》が大きな巣を張っていました。困りました。

「ねえ、あのね。ここじゃない別のところに巣を張ってください。ごめんごめん。せっかくここまで張ったのに」

と頼んで、蜘蛛をそっと庭に移しました。こんなのもわたしの〈日常〉です。

昼には杏仁豆腐《あんにんどうふ》をこしらえました。ちょっとけんかになりかかった娘の機嫌をとろうとしてのこと。こんなのもわたしの〈日常〉です。

夜これを書きながら、ジャーマンカモミールティーを飲んでいます。友だちが「女子力がアップするのよ」と云って贈ってくれました。何かがアップしている気分。こんなのもわたしの〈日常〉です。

こうした何でもないような〈日常〉は決して決して何でもなくはありません。〈日常〉への慈《いつく》しみが人生の一大事。ここに軸足を置いて、世間を眺め、社会の問題を考え、そりゃおかしいよと憤慨したり、何かを決めます。わたしたちの〈日常〉を守り抜かないと。

九年間新聞に連載してきた短い綴方《つづりかた》の後半部分を三島邦弘さんに読んでいただけたこと、それればかりかミシマ社の本の仲間に加えていただけたことは、望外のしあわせです。

そうして編集部の星野友里さんに、たいそうお世話になりました。

ブックデザインの名久井直子さん、イラストレーターの後藤美月さんにも、お礼を申します。どうもありがとうございました。

秋の虫たちがさかんに合奏する十月の夜

山本ふみこ

本書は、毎日新聞の連載『山本さんちの台所』『山本さんちのあっ!?』（二〇〇七年四月～二〇一六年三月）の中から、二〇一一年九月以降のものより抜粋し、再構成したものです。

山本ふみこ　やまもと・ふみこ

1958年北海道小樽市生まれ。随筆家。3人の娘を育て、食事をつくり、掃除に精を出し、市の教育委員として奔走し、一人暮らしの親を気にかけ、ときに原発に思いを巡らせ、夫婦げんかをし…日々を重ねる。『朝ごはんからはじまる』『まないた手帖』（ともに毎日新聞社）、『おとな時間の、つくりかた』（PHP文庫）、『暮らしと台所の歳時記――旬の野菜で感じる七十二候』（PHP研究所）、『こぎれい、こざっぱり』『台所から子どもたちへ』（ともにオレンジページ）ほか、著書多数。

家のしごと

二〇一六年十二月五日　初版第一刷発行

著者　山本ふみこ
発行者　三島邦弘
発行所　株式会社ミシマ社
〒一五二-〇〇三五 東京都目黒区自由が丘二-六-一三
電話 〇三-三七二四-五六一六
ファックス 〇三-三七二四-五六一八
e-mail: hatena@mishimasha.com
http://www.mishimasha.com
振替 〇〇一六〇-一-三七二九七六
ブックデザイン　名久井直子
装画・挿画　後藤美月
印刷・製本　株式会社シナノ
組版　有限会社エヴリ・シンク

ISBN: 978-4-903908-86-1